U0367699

区块链新基建

赋能产业新机遇

陈晔　吴啸　蔡玮◎编著

清华大学出版社

北京

内 容 简 介

本书系统地介绍了区块链作为新基建的核心用途以及与其他互联网技术的区别。内容主要包括：区块链基础、区块链通证详解、区块链赋能产业案例、央行数字货币 DC/EP 和区块链的结合，以及常见的区块链技术框架解析。其中，区块链基础主要是为了解开大众对于区块链的误解，区块链通证部分归纳了不同属性的通证和运用场景，为未来区块链和通证结合提供了更多的视角和思路。区块链技术框架部分列举了目前几乎所有新基建常用的技术框架特性，同时也从技术角度切入，结合产业呈现了更多的思考。本书的目标读者是所有想充分了解区块链新基建以及结合产业落地的人群。无论你是想系统地了解区块链的初学者，还是各个行业不同领域的创业者，或者是已经对区块链有了一定程度掌握的行业老兵，这本书都会让你受益匪浅。

图书在版编目（CIP）数据

区块链新基建：赋能产业新机遇 / 陈晔，吴啸，蔡玮编著. —北京：清华大学出版社，2022.3

ISBN 978-7-302-60220-0

Ⅰ.①区… Ⅱ.①陈… ②吴… ③蔡… Ⅲ.①区块链技术—研究 Ⅳ.①F713.361.3

中国版本图书馆CIP数据核字(2022)第037979号

责任编辑：杨迪娜
封面设计：杨玉兰
版式设计：方加青
责任校对：徐俊伟
责任印制：朱雨萌

出版发行：清华大学出版社
　　　　　网　　　址：http://www.tup.com.cn，http://www.wqbook.com
　　　　　地　　　址：北京清华大学学研大厦A座　　　　邮　　编：100084
　　　　　社 总 机：010-83470000　　　　　　　　　邮　　购：010-62786544
　　　　　投稿与读者服务：010-62776969，c-service@tup.tsinghua.edu.cn
　　　　　质 量 反 馈：010-62772015，zhiliang@tup.tsinghua.edu.cn
印 装 者：三河市东方印刷有限公司
经　　销：全国新华书店
开　　本：148mm×210mm　　　**印　　张：**7.25　　**字　　数：**181千字
版　　次：2022年4月第1版　　　**印　　次：**2022年4月第1次印刷
定　　价：49.00元

产品编号：089670-01

前 言

It's not who I am underneath, but it's what I do that defines me.
——《蝙蝠侠：黑暗骑士》

我想在这里去写一些内容给未来的自己和大家。记得好多年前我和清华大学出版社的负责人沟通的时候，对方就告诉我，写书是一个非常艰难的过程（当然，这里指的是每个字都是自己撰写的书，而不是东拼西凑的那类），同时在书出版时书中的内容在某种意义上就已经过时了，所以从某种意义上来讲，每一本书都是写给未来的人看的。接下来我所叙述的内容就是自己的一些思考，同时坚信未来会是这个方向上的发展。

2019 年有一部很火的科幻片叫《流浪地球》，相信大家都看过了。剧中地球上的人们已经在"太阳时代"之后（这里说的太阳时代也就是我们现在所在的有太阳的时代）进入"流浪地球"时代。吴孟达有一句非常经典的台词——"太阳时代，那个时候的人们都关心一个叫钱的东西"。在"流浪地球"时代，整个人类关心的就只有两个目标——资源和生存。他们无法理解为什么那么多人会做着不情愿的工作去获取一种叫钱的东西。那么值得我们关注的就是，在地下城市中大家同样也需要按需分配食物和资源，但绝对不是按照现有的经济体系来运作了。我们可以大胆地想象，就如同电影《一出好戏》中一样，需要类似于区块链的技术或者运作模式来维持供需。不过在电影中那个时候大家都有一个共识，那就是生存。而现在大家没有这种压力，区块链的技术或者说共识是否还能有用武之地呢？

在互联网早期大家都不知道互联网是什么，其实到现在如果让大家用一句话来阐述互联网是什么，或许也没有多少人能说得清楚。早期大众对互联网的态度认为其就是骗局，网络对所有人来讲是虚无缥缈的。"信息、买卖放在网络上？你怕是要骗我哦"，这就是人们的真实想法。再看下云存储和云计算早期人们的想法，"让我把数据和服务放云端？你不就是让我放别人服务器上么？你怎么保证服务器性能？你怕是要盗用我数据吧？"再去看 2008年移动互联网时期大众对 Android 的看法，"Android 是啥？诺基亚是铁打的江山，现在都用塞班啊，未来什么都在手机上做？那计算机干吗？别忽悠我了"。

其实很容易看得出来，人们对于自己没有认知的事物总是非常警惕和排斥的，但一旦人们的认知对其接受了之后又觉得这非常理所应当，这其实就是时代的进步。我相信未来的某个时间区块链技术也会再次重复这个过程。

前几天和一个传统金融的老兵同时也是区块链萌新聊了下，区块链本身从技术层面与曾经的任何一种技术都没有区别，都会经历大家对其没有认知、大家不愿意去相信，到最后科普、推广这样一个过程。但区块链与其他新技术又有两个区别非常大的地方——金融属性和其去中心化的思想。

通证这个东西其实是区块链中必不可少的一个部分。我来解释下这句话，这句话并不是说一定要发币去赚钱，或者做什么互换。我们更应该将通证做成区块链项目中记账的一种凭证。举个例子来说，今天你完成了 KPI，老板要发给你奖金，那老板为什么承诺要发给你奖金呢？你又怎么证明奖金是发给你的，不是发给别人的？那这个时候独一无二的通证才是有价值的。当然这并不是画蛇添足的事情，而是完全符合需求的事情。话又说回来，通证当然也有金融属性，被 ICO（Initial Coin Offering，数字货币首次公开募资）破坏市场之后，区块链从一种单纯的技术变成了一个万众瞩目的敏感词。大家不但怕被骗，更怕涉及政治敏感事件。这使得区块链这样一个技术产物在全世界举步维艰，硬是加剧了这样一个技术发展的难度。这已经是一个无法改变的现状了。

关于"去中心化"的思想，我也只能说正因为太多人对于区块链不了解，才会对这样一个特点有很大的误解。有的人会觉得区块链是一种神话，可以完全自治独立，可以为所欲为，创造神一样的理想世界。另外一些人则会觉得区块链就是反人类反社会的存在，去中心化？去谁的中心化？去了中心之后还怎么治理？其实这些都是非常极端及错误的看法。区块链的"去中心化"，其本质是在技术层面做到相对地去中心化或者说是多中心化，从而在商业层面达到更中心化更集权化的目的。也许你现在还不认同这个观点，但看完这本书之后我相信你多少会理解这句话的含义。

我们再回过头去看 ICO 时代，我们暂且把之前疯狂的时代叫作 ICO 时代吧。ICO 时代的项目和产品都梦想着改变世界，哪怕是到了今天，依然很多人会想着区块链项目、带有 token 的项目、DApp（Decentralized Application）、钱包等能够成为突破口，能够会有杀手级应用。我认为短期几年内是不可能的！这个领域里的很多人走出第一步的时候方向就错了，他们把区块链当成一个救世主，一颗银弹，好像区块链可以创造出任何生态，创造出任何社群，突破原本互联网中已到瓶颈的项目或者产品，然而区块链仅仅只是蓝图中的一块拼图，单独地去审核区块链无法创造出真正的产品，也无法发挥区块链的作用。但如果找到其他剩下的拼图，通过正确的组合使用，效果就会很不同。那其他拼图是什么呢？

这是一个飞速发展的时代，移动支付、物联网、云服务、大数据、AI、通信网络等都是在快速进步的，人们的认知也在飞速变化。中国还不是移动支付覆盖率最高的国家，有些国家为什么移动支付能够做起来，背后都是有一定原因的。原因便是老百姓、企业使用的动力，用区块链的话术来讲就是都有激励。如果中国一早在移动支付时代就有非常多的限制，那移动支付在今天的中国还是一个幻想。在区块链领域大家都在说创新，但创新并不是一味地舍弃旧的去做新的，所谓的创新一定是一个螺旋式上升的过程，在旧中寻求创新点才是真正的突破。人们的认知、硬件设备、5G网络、让企业有更多的既得利益、跟随潮流的热点等这些都是剩下的拼图，每个人都能够用这些拼图拼出不同的图案。重要的并不是区块链能够给大家带来什么，而是这个图案最终能够给大家带来什么。我相信未来会出现很多"xxx产品融资多少，真正对社会带来了价值体现"的媒体报道，但文章不会在标题，甚至不会在文章主体中体现"区块链"这个词，因为区块链最终会变成所有互联网产品的底层基础技术，而不再是一个新生儿或者创世神。

我相信有技术背景的人更能够从架构角度去理解这段话。

如果你明白了这个点，再去审视下当下的钱包，之前的 ICO 项目或者身边的区块链项目，你会发现其实它们就只有一块拼图，对很多人而言还是一块自己都没有摸透的拼图，用单纯一块拼图就想拼出一个完整的图案，甚至想要用这块拼图去融资，可能吗？自然也就有了答案。

对于区块链来讲，我所看到的路很清楚，2019 年做积累沉淀，2020 年会是一个过渡时期，2021 年会正式在商业层面、就业层面爆发。随着时间的推移，相信越来越多的人会懂得区块链是什么，区块链作为一种技术到底要解决什么样的问题，区块链对于个人、企业和政府到底有什么用途。越来越多的人会去主动了解、探索、深挖区块链技术和商业模式。我想告诉所有正在这个行业的人，我们是幸运的，我们并不孤独，我们是这个行业的先驱，我们走过的路会成为后浪的指路明灯。但在现阶段我们的目标只有一个——坚持。

本书第一章~第七章由陈晔完成，陈晔现任山东安可区块链产业发展研究院研究员，上海分中心主任。第八章由纯白矩阵的 CEO 吴啸完成，第九章由香港中文大学（深圳）蔡玮教授完成。要完成一本区块链的书着实不易，在此我要特别感谢另外两位作者对我的支持和鞭策，我们每次沟通都能碰撞出非常多的火花。同时也要感谢我太太和孩子对我工作的大力支持。区块链行业发展非常迅速，书中难免会有错误或者与大家认知不一样的地方，欢迎大家第一时间告诉我们，再次感谢大家。

陈晔

2022 年 5 月

目 录

第1章 区块链新基建

第2章 区块链的概念和科普

第3章 通证经济

第 4 章　稳定通证

第 5 章　数字活动和电子支付

第 6 章　区块链人才教育和培养

第 7 章　区块链赋能产业

第 8 章　区块链的关键技术与思考

第 9 章　基于区块链的未来虚拟世界

第 1 章

区块链新基建

2020 年 4 月 21 日发改委明确了区块链是国家新基建的基础建设，对于在这个领域默默耕耘的很多从业者而言，这无疑是一种前所未有的肯定。同时这也意味着区块链的人才教育、区块链的技术发展、区块链的商业落地也提上了日程。

1.1　区块链正在引发新的革命

我们曾经说过区块链引发革命，很多人觉得那是"骗局"革命，那些快速暴富的例子和区块链没关系吗？并不是，但那只不过是区块链技术中的冰山一角。我们现在所说的区块链革命更多的是：

- 商业合作，区块链能颠覆现有的一纸合约的约束，通过技术帮助大家建立信任进行合作，大大提升企业之间合作的效率。
- 数据的真实性，区块链从技术层面大大增加了篡改数据的成本，让数据更为真实。
- 价值回归，区块链能在版权方面让真正的作者获取自己原本应有的利益。

现在很多人只是看到区块链在发展前期带来的财富效应，反而忽视了在区块链技术真正落地以及完成布局之后的更广阔的世界。不过这些都不重要，无论我们自己怎么想，这个世界的变革总是无时无刻不在进行着。也许这本书的读者还不知道区块链是什么，区块链能做什么，未来区块链对个人、企业、国家和世界有什么影响。没关系，这本书会不同于其他的区块链书籍，作者坚信你看完就会明白其中的本质。

1.1.1 "信任"正在慢慢地被重视

说到信任，我个人最有感触的其实是在个人和企业方面，记得前几年有过一个移动 App 对个人数据隐私获取的评测报告。

100款App个人信息收集与隐私政策测评报告

2018年11月28日

报告中提及非常多的我们常用的 App 在非法收集个人信息。记得 2020 年年底我在中国联通北京总部给员工做区块链技术培训时，说到区块链解决个人隐私数据信任问题的案例，就有同学直接提到了一个观点，"区块链能解决这个问题我明白了，但我感觉现在大众其实也不关心个人隐私数据啊，你看各种 App 其实都在获取个人数据，这个已经是常态了"。我瞬间就明白了他的意思，如果我们的技术解决的是大众不关心的问题，那这个技术在推广和落地上会遇到非常大的阻碍。

那么让我们换个方式来描述这个问题吧。如果今天你直接在路上找一个人询问，或者做网络调查，以了解人们是否关心自己的隐私数据，是否关心自己的隐私数据被盗取使用了，那么他们一定会斩钉截铁地告诉你肯定关心啊，自己的隐私数据当然不能被别人非法使用。但在日常生活中，在点击 App 相关的"我个人同意 xxx 协议"选项的时候，99% 的用户可能根本就没有看过协议便直接勾选通过了。这是什么原因呢？是因为他们着急用这款App，而不关心自己的隐私是否被侵犯吗？当然不是。社会总是在我们不经意间飞速发展，现阶段人们对隐私数据是有保护意识的，只不过这个意识刚刚形成，这就和一个人的三观思想一样，是一个慢慢成熟转变的过程。随着社会的发展，在不久的未来，个人就会对自己的隐私数据更加重视，也会重新定义对于每一款App 的"信任"。现在那些在乎自己隐私被买卖但无所作为的人，可能在若干年之后会直接拿起法律武器来保护自己，这就是保护意识成熟的一种体现。

现阶段大部分信任都来自于主体信用背书，比如你今天用一个产品，可能是因为你相信阿里、腾讯、百度、字节跳动、拼多多等企业本身，而不是因为相信这款 App。但随着社会的发展，大众思想的进步和成熟，仅仅依靠主体背书会变得并不是那么可信。瑞幸事件大家也都看到了，上市到退市一共 410 天，创造了历史上最短上退市的纪录。瑞幸是一家企业，一个主体，也许了解其背后融资模式以及商业模式的专业人士能看得明白其本质，但对于普通大众而言，谁又懂得这些？受害的最终还是老百姓。未来问题的聚焦点可能是："大公司侵害了我们利益的时候我应该怎么办呢？"我们总不能回答说："不可能的，大公司都是有诚信、有责任、有担当的，不会骗人，不会跑路，政府也会协助做保障的。"但是谁又敢拍胸脯这样说呢？所以未来的信任更多的是需要依靠"主体背书＋技术保障"，这个时候就需要依靠我们的区块链技术。当数据在一条链上，这些数据不再是一家企业中心化控制的，当所有平台的身份都需要实名制，无法修改和删除用户评价，用户的预付款存在区块链的智能合约上的时候，信任才真正地建立起来，才能真正地造福整个社会。

信任危机无论何时何地都会爆发，前不久就有这样一个鲜活的案例。主角是"老干妈"和"腾讯"。2020年，腾讯已经不再是当初那只小企鹅了，竟然被三个人，是的，你没有看错，仅仅三个人伪造了公章就让腾讯面临了舆论危机，简直难以置信。这个事件背后的核心问题是为什么现在还要用实体公章这种麻烦并且容易出错的方式呢？（当然，合作流程本身肯定也有一定的问题。）公章盖章的流程既烦琐也容易遗失或者伪造，可以说是非常不方便的，所以公章电子化是势在必行的。但单纯的电子化还不够，依旧容易出现伪造的问题，所以电子化上链才是一个比较合理的方案。由企业或者政府主导一条公章电子化的链，企业盖的公章只能通过使用链上的电子章这样唯一的渠道，那么也就从根源上杜绝了伪造。我们再来说下关于考试中篡改分数、替考的问题。考试是人类社会最应该维持公正的行为模式之一，但在现有的流程中其实有很多暗箱操作，也的确出现过不少考生与分数错误挂钩的情况，严重的甚至会耽误一个人的一生。本质上考生除了我们之前说的"主体信任"以外，并没有技术手段去保证这个流程的公正性，比如：

- 如何保证答卷是本人答的。
- 如何保证批改卷子是公正的。
- 如何保证分数没有被篡改。
- 如何保证分数和人是对的上的。

那么这时我们需要的是依靠技术手段去进一步加强主体信任，同时也避免很多非法操作。例如从学生ID开始，到批阅试卷，到最后的分数，将考试的全流程都实行上链，而这根链的节点则分散在不同的部门或者企业里。那么现阶段存在的很多问题就会迎刃而解。

"信任"对每个人而言都是相对的。处于人生的不同阶段，处在社会的不同时期，每个人对于信任的诉求都是不同的。但有一点是肯定的，人和社会都是在进步的，对信任的诉求只会越来越大，要求只会越来越高。回到之前在联通那位同学的问题，我当时是这样回答的：

"区块链现阶段还处于早期，无论是区块链的落地还是大众对于个人隐私数据的意识都需要时间来沉淀和改变。但有一点是肯定的，世界早晚都会要求技术来保障安全和信任，而不仅仅是相信某个人、某个企业或者主体。如果你同意这点，那么我们就有必要了解、钻研、落地区块链。"

1.1.2 区块链与其他行业的关联性

我真的非常感恩自己能够相对早地进入这个行业，虽然在这个过程中遇见的人鱼龙混杂，行业本身也是一片蛮荒，但基于区块链的透明不可篡改以及通证（token）很强的金融属性，大家还是有了非常多的创新，比如区块链 2.0、区块链 3.0、智能合约、DApp（Decentralized Application，去中心化应用）、DeFi（Decentralized Finance，去中心化金融），等等。标题中的"其他行业"主要指的是现在的传统行业和互联网行业。在 2017 年时就听说一个很有趣的想法，"真正的区块链不应该和现在的互联网世界有关联，而应该是去创造完全新的生态"。第一次听到这个想法的时候觉得非常疯狂，不过转念想想比特币、以太坊创造的财富效应，貌似一切也不是那么疯狂了。随着时间的推移，我慢慢地理解了这个设想，其实未来会有以下三种生态存在。

- 互联网生态，也就是现有的生态。
- 互联网作为基础建设，区块链作为其底层的一部分的新互联网生态。
- 区块链作为基础建设，互联网作为其底层的一部分的新区块链生态。

这其实是一个非常有趣的话题。现在的互联网技术结合物联网、人工智能、区块链等技术打造更智能更可信的城市和社会。在这个生态里有一个非常重要的特性，那就是监管。所有的商业必须是中心化的，可监管的。哪怕使用的联盟链也是需要备案和监管的。这个环境里，商业逻辑是主角，互联网、区块链都是配角。然而很多人就会认为这并不是区块链，一切不完全去中心化的生态都不是区块链。但我想强调一点，我们并不想讨论去中心化和中心化孰优孰劣，而是就事论事来阐述观点，希望大家在思考问题的时候也是这样的一个切入点。

那么问题来了，比特币也是新互联网生态的产物，互联网作为基础建设，区块链作为底层技术的一种产物，但比特币做到了完全去中心化，这算是区块链吗？如果从新互联网生态来看，这是区块链。但如果从上文提到的新区块链生态来讲，依然不是区块链。因为其依赖的互联网技术本身还是中心化的，这点无可否认。

在新区块链生态里，包括互联网基础的网络通信协议等一些基础技术都会以去中心化的方式存在，让整个生态从上到下都达到去中心化的效果，这才是真正的新区块链生态。在这个生态里，去中心化是绝对的主角，剩下的一切都是为了实现这一点而存在的。在新区块链生态中有一类很有争议的项目，这类项目就好像莫比乌斯带一样的神奇，比如去中心化云服务或者去中心化存储。我总结下来有这样两个点是大家关心的：

- 去中心化的项目是否比中心化的项目更有价值？就拿去中心化云服务来讲，一个去中心化的云服务是由各个节点通过某种共识而形成的，但这些节点使用的却是中心化的互联网技术以及中心化的云服务。如果它们形成的去中心化云服务比较有价值，那么也就是说中心化服务相对而言已经没有那么大的价值了。至此，薛定谔的去中心化出现了。

- 去中心化项目是否会在未来取代中心化项目。从技术层面来讲，分布式的技术性能肯定是比中心化的技术性能差。如果我们抛开技术问题，所谓的革新一定是因为有一个更好的技术满足大家需求的产物出现。现阶段去中心化的生态需求是有的，但并没有大到可以替代任何一个中心化的系统或者技术，我相信未来也不会。中心化和去中心化会是一个并存的生态，只不过中心化还是会有决定性的占比存在。

那么从互联网生态进入新互联网时代需要多少时间呢？从新互联网时代进入新区块链时代又需要多少时间呢？这就是我和朋友们在早年讨论最多的问题。但其实最终的结论却是不存在所谓的时代变迁，这些生态最终都会并存，只不过是大众和小众的问题。按照目前新基建的基调，可以看出未来新互联网时代一定是大势所趋。同时，我们也知道技术极客改变世界，新区块链时代早晚会实现，但完全去中心化的生态注定会是小众的存在。不过我坚信会出现一个独立的全新的完全去中心化世界，而不是天马行空。

世间万物并非都是非黑即白的，都存在着灰色地带。所以未来是否会出现一个新互联网时代和新区块链时代融合的产物或者生态呢？我也不得而知，但我相信总有契机会让两个生态相互取长补短，最终达到 1+1>2 的效果。

1.1.3　为什么区块链会成为新基建

2020 年 4 月 20 日发改委介绍新型基础设施主要包括信息基础设施、融合基础设施、创新基础设施三个方面。其中信息基础设施包括以 5G、物联网、工业互联网、卫星互联网为代表的通信网络基础设施，以人工智能、云计算、区块链等为代表的新技术基础设施，以数据中心、智能计算中心为代表的算力基础设施等领域；融合基础设施则包括智能交通基础设施、智慧能源基础设施等内容；而创新基础设施包括重大科技、产业技术创新基础设施等领域。

我们可以看到区块链属于新技术基础设施，也就是说区块链会以一个底层或者中间件的方式存在于各种技术架构中。区块链能够帮助企业更好地实现可信数据的共享，从技术层面更好地展现可信。与此同时，链上的智能合约能相对去中心化地管理好企业和个人的资产。基于这些，我们可以得到一个结论，即区块链能真正地改善商业和社会环境，使其越来越好，越来越可信。

我认为区块链新基建生态分成了联盟链生态和公有链生态两个方向，两者所走的技术路线和生态也会截然不同。联盟链的生态更适合赋能商业落地，其发展比较适合于从上往下推动；而公有链生态更多的是用于突破跨链、加密、提升性能等技术问题，同时摸索去中心化应用在各行各业的运用场景。

我们分别以企业和政府作为切入点来看使用区块链之后解决的痛点吧。通过区块链和智能合约，企业一方面可以将重要数据上链，另一方面也可以将分配权限等高等级的操作放入智能合约，那么之前提到的单个个体作恶的可能性就会大大降低。因为要更改区块链上的数据以及合约，哪怕是联盟链，其作恶成本以及要"收买"的人数都会大大增加。对于政府而言就更直接了，所有企业的纳税系统最终对接上链，纳税这个操作全部写入智能合约，不但大大降低了人力成本，提高了效率，而且避免了很多偷税漏税行为。当下，企业与合作伙伴的关系往往都是通过一纸合约来约束的，无论合作关系多么紧密，所谓的信任都是基于人与人的信任，但这种信任是非常不牢靠的。而合同本身只是通过法律手段对双方万一作恶之后的威慑，说到底，还是一种事后行为。那么有什么方式可以解决这个问题呢？答案便是区块链技术。双方的合作条款可以放在更上层的生态联盟链上，同时通过智能合约记录确定双方的利益分配规则。这样可以大大降低双方作恶的可能性，同时双方的合作关系会比一纸合约来得更紧密，因为区块链本身的特性会让双方打消部分的疑虑。当然这里要强调一点，并不是打消所有的疑虑，区块链只是一个技术，也只能解决特定的一些问题，而不是所有的问题。企业与员工之间更是如此，当下企业对员工的约束主要是依赖一纸合约以及企业内部的各种系统权限的设定。但无论是合同还是权限的设置，依然无法阻止人为作恶篡改数据或者造假的可能。主要的原因在于合同的威慑效果是后置的，同时系统权限也是中心化分配的，然而这些问题均可以借助区块链技术得以完美的解决。

企业之间要使用区块链技术达成绝对的信任，前提是双方都拥有区块链这一项技术并将其作为基础建设，同时未来大家需要通过智能合约来进行央行数字人民币的自动分润，这就更离不开区块链这一项新基建。所以在众多新基建技术中，区块链肩负着解决信任，承载融合数字人民币的重任。

1.2　区块链的发展

区块链从技术层面来讲其实并没有采用什么新技术，只是很巧妙地整合了很多互联网的成熟技术，从而达到了去中心化、可信、无法篡改的特性。本章节并不想过多地阐述区块链的历史，而是想更多地阐述从 2018 年到现在区块链的一些发展。

1.2.1　区块链的诞生

说到区块链的精准诞生时间，可谓众说纷纭。但区块链被人熟知直到今天似乎都只有一个原因——比特币。到目前为止，几乎在所有的沟通交流中，最多出现的问题就是"区块链和比特币到底是什么关系？"。关于这个问题在本书后面的章节会详细说到。区块链是集合了密码学、分布式网络、共识算法等各种技术的综合体，对大众而言，比特币的诞生就等于区块链的诞生。毕竟从 2008 年 11 月开始很长的一段时间里，真正落地的区块链应用只有比特币这一个。也正因为这样，比特币在区块链行业有着不可动摇的地位。

1.2.2 区块链掀起第一波大的浪潮

真正掀起第一波大的浪潮其实应该是在 2017 年年底，主要原因是各种山寨币（俗称空气币，没有实际团队或者逻辑不能自洽的项目所发出来的数字货币）和交易所引发的财富效应造成了第一次大的浪潮，吸引了非常多的人开始关注数字货币。但我们关心的并不是表面的这些现象，而是其底层的区块链技术。为什么区块链能够造成那么大的财富效应？为什么区块链又能引起那么大的浪潮？

在 2018 年，数字货币在二级市场的涨幅是非常惊人的，其造成的财富效应几乎超出了所有人的正常的三观认知，也正因为这样，很多人直接定位其就是"骗局"。在当时，异常火爆的就是以太坊上的各种分布式应用程序以及各种公链的生态数字资产（公链生态币）。与此同时，也有非常多的人开始研究比特币和以太坊的底层，也就是区块链技术。为什么作为一个单纯的技术的区块链能够创造别的技术没有的金融和财富效应，这令很多人非常困惑。

区块链的设计非常巧妙，到底是设计的时候就已经预料到了未来的发展，还是巧合发展到现在，我们不得而知。但事实证明，如果单纯从业务或者技术层面去了解区块链的话，可能无法真正地了解区块链的全貌，甚至容易产生很大的误解。很多人从当初金融领域或者暴富的现象去看，会盖棺定论地认为区块链不靠谱，是骗局。但如果仅仅从技术层面去看的话，又会觉得区块链只不过是集成了现有的一些技术，并没有什么特别的。

1.2.3 区块链在数字货币中的作用

那么为什么区块链作为一种单纯的技术就能够引发那么大的浪潮，还能制造那么大的财富效应呢？很多人说因为区块链创造了数字货币，那么大众为什么就愿意信任链上的数字货币呢？愿意去相信区块链上的共识呢？事实上，在 2017 年大众对于区块链和通证根本还没有形成基础认知，更不要提什么金融属性、货币属性了。其中的奥秘其实就是比特币和区块链。

对于一个支付系统，必须要解决的问题是"双花问题"（"双花问题"指的是同一笔资产被重复支付，即同样一笔钱被花掉两次或者多次），对于使用者而言最需要解决的问题就是"信任"。在《一出好戏》这部电影中，主角一行人到了一个孤岛，此时已经存在的国家主权货币共识和经济体系瞬间就崩塌了，因为钱已经不能作为正常的流通货币让自己在孤岛上生存下去了。在这样的情况下，主角使用了一套扑克牌作为交易介质，劳动可以获取扑克牌、同时扑克牌又可以换取同等价值的其他物品或者食物。这样的模式在一个孤岛和有限的群体中是可行的，但是一旦要走出小众就会出现非常多的问题，例如：

- 怎么保证我的牌不被偷？
- 怎么保证每张扑克牌没有复制品？
- 怎么证明我的就是我的？
- 如何对标价值？如何入金出金？

以上每一个问题几乎都很难去解决，当你给出一个答案的同时，很可能会再引出一系列更棘手的问题。

那么区块链和比特币在这其中是怎么解决这些问题的呢？首

先，比特币作为一个以区块链为底层的点对点交易系统已经稳定运行了十几年了，其存在本身以及其独特的 UTXO 设计就已经可以证明系统的可靠性和安全性。其次，比特币在二级市场有着价值对标，由于其 PoW（Proof of Work，工作量证明）和比特币作为比特币网络激励的支撑，所以价值并不会因为人为的操作而出现暴涨或者归零（注意，这里说的是价值而不是价格，马斯克的行为并不能真正影响比特币的价值），长远来看这让二级市场基本上处于非常健康的状态。对数字货币本身而言，区块链和智能合约可以很大程度上从技术角度解决大家对于数字货币的归属和信任问题，毕竟大家基本上是不会相信任何一个主体（除政府以外）自己发布的带金融属性的货币。

1.2.4　区块链的"链改浪潮"

说到链改，真的是区块链发展过程中很有趣的一段插曲。2018 年年底很多企业开始有意识地结合区块链对现有业务做一些改造，行业中慢慢对这种非区块链产品要结合区块链技术的行为统称为"链改"。

2018 年年底我以为链改的时代要来了，在这样一个风口的时代，我要抓住机会为企业和社会做出贡献。但事实证明我不但错了，还错得非常离谱。在最早我宣传自己要做链改的时候突然有几天会接到很多电话，但对话的套路都是以下这样子的。

"您好，是赏味不足吗？我们想做链改，我们做的是传统行业，不知道怎么结合区块链。"

"你想解决什么问题呢？"

"其实我并不懂区块链，我也不知道业务上有什么问题可以通过区块链解决。"

"那为什么你会觉得区块链能帮上忙呢？"

"不瞒您说，我现在很缺钱。"

好吧，我知道你现在是怎么想的，其实你可以把这个对话放到任何行业，任何一个人看到都会觉得非常不靠谱，但这就是事实。2018 年那个时间，很多人把技术上和架构上的链改直接理解成了通过概念和区块链绑在一起去融资或者募资，真的是南辕北辙。这也导致一个现象，很多所谓区块链链改的项目都无法说明为什么一定要区块链才能够解决项目中痛点的问题，因为他们的痛点并不是他们告诉大众的，真正的痛点就是缺钱而已。

整个 2019 年谈了很长时间的链改，也有一些不错的企业是真的对链改感兴趣的，但无论我们多么谈笑风生，吃饭喝酒，最终愿意拿出真金白银落地的少之又少，企业家终究会关心本质问题——区块链的投入产出比。这个产出比主要是关系到以下几点：

- 区块链的投入成本是知道的，盈利有多少呢？
- 能否吸引更多的流量？
- 能否吸引更多的合作伙伴？

其实做一个定制化链改的成本在技术层面是比较好评估和报价的，但对于企业而言肯定是不会做亏本生意的。那么区块链到底能带来多少收益一直以来就是企业找不到答案的问题。其实我们从现在来看这个问题的答案已经比较清晰了，区块链并不是一个短期能看到收益的投入，或者说从技术上增强了企业之间的信任、提升了效率，这些其实已经是收益了。更多的是通过联盟链将更多的合作伙伴强绑定在一起布局一个全新的生态，收益和流量最终还是看通过区块链打造出的商业模式，这才是真正的所谓的产出。不过多数人一方面看不懂区块链未来带来的改变，另一方面也并不是真的想落地区块链，更多的是想赚一波快钱。

就如本书最开始写的内容那样，到现在还愿意真正投入去做区块链的都是那些相信区块链一定能改变世界或者真正看懂区块链的人。

1.2.5 区块链对社会的意义

其实说到区块链对社会的意义，本质也就是其作为新基建的意义。在行业早期的时候大家还在讨论区块链对于 C 端的影响，其实现在看来，最终 C 端不会感知自己在用一个区块链的产品，但未来区块链肯定会实实在在地造福老百姓。

先从三大运营商通过区块链来做身份统一化来讲吧。现阶段我们使用的 App 越来越多，每次登录一个产品，我们可以用第三方（微博、微信、支付宝等各种方式）登录，多数情况也会使用电话号码和身份证号码等信息进行登录。虽然每个人都有自己的登录习惯，但其实最终在每个产品的服务器数据库里都会出现一个全新的身份 ID。对于用户而言，每次的注册登录非常烦琐，对于企业而言，产品之间用户的信息打通就变得异常困难，因为在注册登录的源头就已经存在了巨大的差异。在不久的未来，如果通过区块链底层将用户 ID 统一化之后，用户不但可以非常简便地登录不同的应用，同时企业和运营商也可以非常清晰地理清楚每个用户使用产品的情况和消费情况。用户最终可以通过在 A 产品中的使用和消费所得到的积分或者奖励去 B、C、D 产品中获取服务，这对用户会是极大的便利。

还有一个非常便民的场景，也就是用户办理一些房产或者出国手续的时候，现在其实是非常烦琐的。你去买卖房子或者办理出国手续，要准备一大堆资料另加来回跑，其实老百姓对于这种类似的流程早就已经怨声载道了。但从问题的根源来讲并不是一家企业或者机构做出改变就能够改善这个流程的，主要原因可能是一个人的数据分散在不同机构的不同系统里面，而这些系统义由于各种历史原因无法统一整合，只能通过调用接口的方式进行数据传输。这就容易出现效率低或者数据无法共享的现象，也就直接导致业务往往无法一次性办理完成。如果未来这些业务流程底层从上到下都使用区块链来做支撑的话，那么老百姓在办理这些业务的时候就不会再那么烦琐了。这个应用场景就和 2018 年支付宝公开使用区块链做的跨境支付有着异曲同工的作用。

区块链的最终使命就是用技术打造一个高效可信的社会，同时也能够给老百姓带来更多的便利。对商业而言其不仅提供了一种全新的合作机制，更能真正意义上地让分布式商业落地。

1.3 区块链新基建正在拉开序幕

大家现在都已经知道了区块链作为新基建非常重要，随着时间的推移，现在越来越多的人和企业也开始逐步学习区块链。区块链作为新基建正在潜移默化地渗透到各行各业中。

1.3.1 价值需要回归

在大家谈论分布式商业的时候本质上都在谈"价值回归"，那么到底怎么样才算是价值回归呢？就是你对某个企业或者产品做出了贡献，那么就需要有等价的回报。一个产品或者企业的成功离不开两类群体，一类是产品的创造者和助力者，比如企业创始人、员工、助力资本等。另一类就是产品的客户和消费者。这两者是相辅相成的，只有单独的一方根本就不存在所谓的成功，也就没有价值了。那么问题来了，现在价值回归基本上都是通过期权和股权的方式，但这些并不是所有人都持有的，更不要说消费者和用户了。但现在我们都知道，这些价值是需要回归的，那么回归这些价值现阶段遇到的困难有哪些呢？

1. 价值生态还未健全

第一个问题本来我想写的是"企业对价值回归还没有成熟的意识"，但仔细想了下，企业有没有意识并不是关键，最终还是需要整个生态来做支撑的。当价值回归成为一个常态，成为用户的一个习惯，那么企业自然而然会将价值回归到真正做出价值的人身上。这个生态的建设目前还面临信任和价值定义问题，这里的信任问题就需要区块链技术来解决。

2. 价值回归的信任问题

价值回归中的信任问题可以说是最核心的一个问题。最近新浪微博出了一个很有趣的应用，我在很多区块链分享中也都提到过，这款应用叫绿洲。这款产品刚出来的时候虽然被很多人吐槽说是抄袭了 Instagram（国外的某款照片社交软件），但这并不妨碍绿洲的确有不错的创新应用——水滴。这个名字起得真的好，所谓绿洲就是沙漠中的希望之都，而水更是生命之源。

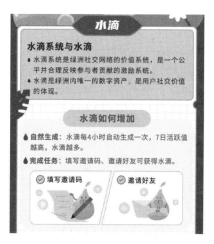

其实关于水滴整个业务设计可以说设计得非常区块链化了，水滴是通过用户平时的各种行为奖励用户的。而最关键的是新浪微博会定期进行水滴的回购来让价值回归到那些有水滴的用户。

但在这套系统里也存在着不少的问题。举几个例子：

- 通过行为来获得水滴，这个获得水滴的公式是什么呢？如果有一天公式变了，用户获得的水滴少了，会通知用户吗？用户如果投诉了会有用吗？
- 回购水滴的兑换规则是什么？
- 用户参与回购水滴的活动门槛是什么？会不会某个时间就不能参与了呢？

以上这些问题在未来都可以写在智能合约里，那么这些问题也就迎刃而解了。但不得不说，新浪微博的绿洲已经走出了很大的一步。只是最近看着水滴越来越少，同时回购的力度也开始大大减少，甚至还开始增加用户参与回购的门槛，我就已经知道，绿洲又走上了互联网应用的老路了。

1.3.2　放眼国家和全球

我每次和别人讲述区块链的时候都说到其对国家和全球的一个影响，但这个影响还是分成"去中心化"和"半去中心化"两个角度来看的。最近去中心化金融非常火。在去中心化的世界里，越来越多的不可能变成了可能。目前在 DeFi 领域最常见的模式就是抵押借贷，让用户进行小额借贷，换而言之就是用户可以抵押数字货币 A 从而换取数字货币 B。关于这点很多人会存有一些疑问，我在这里总结一下回复大家。

1. 抵押借贷是不是都是数字货币，能不能包括国家主权货币？

回答：目前不包括国家主权货币，也许未来可能会包括 DCEP（Digital Currency Electronic Payment）。但目前只支持用数字货币抵押借贷数字货币。也许你还觉得普通人拥有数字货币门槛会比较高，但哪怕就是现在那么小的一个群体就已经撑起了很大的一块去中心化金融市场了，更何况数字货币在未来终究会普及到大众生活中的。

2. 既然是抵押借贷，那么现阶段应该都是超额抵押的，那为什么我还要去借钱呢？

回答：其实本质上抵押有两个主要原因，如果抵押出来的是稳定币，那么本身是一种保值和避险行为。如果抵押出来的是稳定币或者波动数字资产，那么也可能是看好这类资产的升值空间去做杠杆。在 DeFi 这件事情上利益驱动永远是第一位的。

3. 抵押物会升值也会贬值，如何保证抵押物的价值？

回答：抵押物一般都是波动资产。在 DeFi 平台中一般都会有强制平仓的拍卖机制。也就是说根据抵押借贷的比例会有一根平仓线，如果贬值触碰到了这根线，那么合约会强制进行资产的拍卖，从而保证借贷本身数字资产价值的平衡。

去中心化金融现阶段无疑还是在"去中心化"领域的小范围发展，但发展得非常迅速。全球无论哪个国家，金融都是被牢牢把控住的。但去中心化金融打破了这个束缚，主要表现在：

- 个人可以更快地进行借贷，效率是传统金融无法比拟的。
- 任何人可以无门槛地在公链上发布自己的去中心化金融平台。

随着时间的推移，数字货币会越来越普及化，相信不久的未来去中心化金融会很快地侵蚀掉传统金融部分的蛋糕。

从"半去中心化"角度来讲的话，那么我们就要说到国家和全球层面了，也就是我们知道的新基建和 DCEP。国家想要从更高的高度实施区块链和智能合约的前提是中国大部分企业都要使用区块链这个技术，那么区块链成为新基建就是顺其自然的事情了。从全球角度来讲，DCEP 有举足轻重的地位，或者说未来是不是 DCEP 无所谓，数字货币肯定会有举足轻重的地位。作者大胆猜测，DCEP 绝对不是纸币硬币数字化那么简单，其实是国家在全球的一种布局，是从真正意义上实现一带一路的方针。

1.3.3 技术拼图

从 2017 年开始国内就陆续冒出非常多的区块链项目，旅游、游戏、供应链金融、社交、医疗、溯源等，甚至连食品、电影、太空链都有。只有你想不到，没有用不到区块链技术的地方。其实这些项目在之后的几年也给很多人带来了非常大的困扰。

即便我们不懂区块链，但肯定明白世界上不存在银弹的道理。

任何一个技术或者科学，都是有针对性地解决问题的，不存在一招吃遍天下的"神功"。区块链从进入人们的视线开始就带着很强的金融属性，同时无论是链还是智能合约都拥有天然可以解决部分信任问题的属性，但不代表它能解决任何问题。2019 年我听到最多的问题是以下这些：

"我们到底怎么用区块链？"

"我现在很缺钱，区块链怎么能帮忙赚钱？"

"区块链怎么来进行融资？"

"区块链怎么来提升我们的流量呢？"

回到 2017 年来看，很多人愿意进入所谓的区块链行业，主要还是因为区块链在当时拥有"一夜致富"的财富效应，其实明白这个本质也就不会问出这些问题了。区块链只能解决区块链能解决的问题，但一个产品是多元化的，也有很多痛点，而区块链并不能解决所有的痛点。就好像今天发明出了治疗某个病的灵丹，并不是所有病入膏肓的人都能够借此起死回生一样。

区块链和众多技术一样只不过是组成一个产品大板块的拼图之一，我们以前都在说区块链＋产品，而现在更应该去谈的是产品＋区块链，产品是我们要打磨的主体，区块链只不过是依不同产品而定的一个技术选型罢了。在未来我们能看到很多独角兽项目，但我相信在宣传或者产品重点上面肯定不会重点突出区块链，而是会告诉大家项目运用了大数据、物联网、云计算、区块链、AI 等技术从业务上解决了曾经的痛点问题。届时区块链已经成为真正的"基础建设"，那才是回归和体现它真正价值的时候。

1.3.4　数字货币

数字货币一度是一个敏感话题，我觉得首先要阐明一个观点，即个人觉得多数人都是看好数字货币的，要当心的只不过是利用数字货币进行非法交易的那些人和项目。

其实我们统称数字货币还是有点问题的，央行发行的 DCEP 我们可以认为是数字货币，但企业或者个人发行的一些则可以认为是数字资产或者数字股票，而不是"货币"。我大胆地猜测，无论是个人、企业还是未来的分布式商业都会在合法合规的前提下拥有自己的数字资产，最终使用 DCEP 进行清算，那么基础的数字经济体系就算完成了。

之前有一次在南京，我和一个网友聊了下对于数字货币未来的看法，聊得正在兴头上，我对自己的观点非常有信心，对方突然提出了一个问题：

"那你觉得大概花多久能发展到你猜测的这个程度呢？"

我承认我一下子懵了，未来的事情谁都说不准，虽说我很看好，但我也不能毫无依据地说一个时间，但感觉说"不知道"又太不符合我那么坚定的猜想。沉寂了一阵之后，我突然找到了一个我认为非常合适的答案：

"说实话，数字货币（资产）的大众普遍化到底要多久，我是真的不敢断言。但我觉得可以换个方式来回答这个问题。这个时间取决于区块链这个新基建要花多久去真正地落实。如果未来只花了 5 年，区块链就能够真正地在大部分企业落地。那么数字资产的普及化可能也就是那之后几个月的事情吧。"

　　看到这里，相信你对于区块链和新基建以及数字货币多少有了一些了解吧。很多内容都是点到为止的，要想了解更深入的内容可以继续阅读本书。另外值得一提的是，本书每一章节的内容都是独立的，读者可以完整地按顺序阅读，也可以挑选自己感兴趣的阅读。在此作者想再强调一点，无论区块链还是数字货币都是瞬息万变的，区块链技术和商业模式的发展真的超乎了我们每个人的想象，所以本书很多内容在出版的时候可能又有了很大的变化，欢迎大家和作者共同关注和讨论区块链的未来。

第 2 章

区块链的概念和科普

现在很多人在做产业，区块链落地，还有公链，等等，但我认为，现阶段国内最重要的还是区块链的科普和教育。目前无论是个人还是企业，大部分都对区块链有着错误认知或是处在以偏概全的状态。谈到区块链就想到了币，谈到了币就想到了会不会可能是骗局，而不是正面地去思考区块链到底是什么，区块链技术给我们带来了什么，自己的业务是否可以与之结合。其实这是非常可怕的，错误的认知会使得双方信息不对称，以致大大延缓产业的发展。这也是为什么我们在区块链领域谈很多合作结果却都石沉大海，主要原因还是大家"不懂"区块链。

说到这里，市场上的区块链书籍其实也不少了，但很多书的内容要么太偏技术化，目前受众群体还很小；要么就是千篇一律，基本上都是将网络上区块链的概念做了一个大整合，甚至多本书的话术还是一样的。我问过一些区块链图书的读者，他们往往在看书的时候明白书中在说什么，但看完了之后最终还是不理解区块链是什么，总有一种犹抱琵琶半遮面的感觉。

所以总体来讲，对全民进行区块链的科普和教育是非常重要的，这也是我会把这部分内容放在第二章的原因。

2.1 区块链的概念

2.1.1 什么是区块链

"什么是区块链"估计是最常见的问题，前几天在家里吃饭，我母亲和外婆都和我说她们在电视上看到区块链了，但还是不知道区块链是什么，区块链有什么用。我也听过很多课，课程上都会千年不变地列举什么村长记账的故事，我觉得故事本身大家都听得懂，但也仅限于故事本身，听完之后大家还是不知道区块链和自己有什么关系。大家更多地会去想现在的社会是怎么运用区块链的，或者自己所在的领域应该怎么去运用它。

那么区块链到底是什么？这得分开来说明。如果是没有通证的区块链，那么可以将其看成一个分布式数据库，同时数据并不是中心化可以直接篡改的，简单来讲就是通过技术手段建立可信的数据库。这样的数据库有什么用呢？无通证的区块链本质就是能够打破原本不信任的关系，从而在业务和流程上提升效率。在第一章我们提到过目前大家建立信任的一些媒介，但这些方式往往都是通过人情或者法律进行约束的，都是在事后追责的时候进行保障。这样的模式并不能从真正意义上做到信任合作，区块链技术本身正是突破了这个瓶颈。我们一起来看一个案例。

"路人甲去菜场买葱，首先是三个人来询问为什么买葱，买几根，是不是马上就要，还是带走，等等。等到三个人询问完了之后，来了一个类似于领导的人，说不能直接买葱，原因是必须先去买肉，买肉的时候要一个和肉的自拍或者收据。然后路人甲就去肉店，肉店就是相同的说辞，让他先去买葱。最后进入死循环。"

我们日常的很多业务就如同上面这个案例一样，本身并不复杂，但在真正执行的过程中会有很多我们不知道的流程死循环存在，导致我们转账的效率非常低下。

那么区块链又是如何改变这一切的呢？首先，我们需要一条联盟链来记录业务上的数据，在支付宝跨境支付这个案例上我们姑且认为记录的是转账的金额。其次，我们将看到的这些结构和部门都设置成这个联盟链上的节点。在拥有合理的共识机制的前提下（关于共识以后再来详细介绍，这里大家可以先理解为正确的规则），那么节点拥有以下作用：

- 共享数据。每个节点都拥有记录和同步数据的权利。
- 共同治理区块链上的数据。区块链上的数据并不会单纯因为某一个或者某个节点造假或者篡改而改变。
- 实时同步。区块链上的每个节点都会即时地进行数据的同步和更新。

通过区块链技术的改造之后跨境转账的时间是秒级的，这归功于这些数据不再需要一家一家机构去串行传递，那么效率自然也就上升了。

区块链在商业层面的运用往往被称为"去中介化"，主要的原因是区块链能够搭建一个可信的系统，可以让所有的企业或者个人在链上平等地共享数据。在区块链上不存在数据的中心化篡改，每个节点都是数据的主人，自然也就更高效地进行数据的传输，也就不再存在"中介"。

但为什么直到大家看到这本书的时候区块链技术依然没有大

范围落地或者说进入一个全民创业的状态呢？主要是有以下两个核心问题尚未解决。第一个问题是区块链本身金融属性太强，同时币圈一直比较乱，相关政策没有跟上以及智能合约的安全漏洞实在太多。从政策和风控角度，大家合作都比较谨慎。当然其实这一点并不是那么的重要，因为随着时间的推移，政策总会越来越明朗，这个问题自然就不存在了。更重要的是第二个问题，现在很多区块链赋能产业在实施过程中的最大难点已经不是区块链技术本身了，经过这些年的发展区块链技术已经有了很大的进步，最大的难点其实是怎么让大家都在一条链上进行业务开发和数据共享。所以我觉得区块链的落实必须是自上而下的，可以说是一个具有特殊门槛的技术落地方式。

那么我们再来说有币有通证（token）的区块链能解决什么问题。上面的应用落地中我们只提到了可信的数据共享，虽然这是一个非常大的突破，但依然太有局限性。那么这个时候引入智能合约以及通证就能突破这个瓶颈。关于智能合约以及通证在本书的后面几章会有非常详细的介绍，这里就不展开赘述。我们用分布式商业在未来的一种场景来做例子吧，这样会更好理解。

在分布式商业理想的环境下，未来商家的消费用户可以得到商家的利润分红。就比如你非常喜欢吃海底捞，你经常去吃，在分布式商业中，作为经常消费的用户，海底捞不应该仅仅给你积分，更多的应该给你一些实质性的分红。其实变相的你就成了海底捞用户中的小股东。但现在存在以下几个主要矛盾：

- 用户如何相信海底捞就一定会分红。
- 用户如何相信海底捞分红的规则不会经常改变。
- 商家如何相信用户获得积分的真实性。

- 商家如何管理整个分红的执行。

当然，在此之上还有两个更大的问题：

- 用户在海底捞A店进行消费，海底捞B店不承认，用户应该怎么办？
- 如果海底捞未来不做了或者换品牌了，用户这些消费的收益又该如何处理？

以上这些问题其实都可以通过区块链＋智能合约＋通证的方式进行解决，所有的激励模型都可以写在智能合约的代码里。首先智能合约是在区块链上的，智能合约上的规则也不是海底捞一家能够去改变的，用户可以完全地信任智能合约上的规则。流程会是这样：

- 用户每次消费之后，智能合约会根据消费的金额给用户的钱包地址转入对应的通证。
- 在规定范围内，用户可以使用通证进行消费或者获取智能合约给予的数字货币分润。

智能合约本身类似于淘宝这样的第三方平台，只不过这个第三方平台并不是一个中心化的企业，而是一个去中心化的代码文件。我们之所以相信这样的代码文件是因为智能合约部署在可信任的区块链上。上述案例理论上会有一条行业联盟链或者公链联盟链来做支撑，所有的激励逻辑的智能合约都在这样的链上执行，才有公信力。

虽然我们并没有对区块链和智能合约做太多的展开，但至少我们大致了解了区块链、智能合约都能做什么，有了一个初步的概念，这会是一个很好的开始。

2.1.2 区块链和传统的技术有什么区别

很多人刚进这个行业之后，最困惑的就是区块链是一门技术，世界上技术多了，区块链和传统的这些技术到底有什么区别呢？

我觉得区块链和传统技术的最大区别在于它的金融属性以及造就的历史。区块链技术其实早就有了，真正带它走向大众的其实是比特币。那么比特币是什么呢？

比特币：一种点对点式的电子现金系统。

这意味着从大众开始接触区块链的时候就认为它是和金融绑定的一个技术。果不其然，在区块链 2.0，以太坊带着智能合约来了之后，疯狂的财富效应出现了。那个时候有非常多类似于 ICO 的募资项目。

那么问题来了，募资这个模式本质是非常成熟的，为什么到了区块链这里就一下子开始疯狂了呢？主要有以下两个原因：

第一个原因是区块链这个领域天生就和金融有关，二级市场也是最先诞生的，也就拥有了非常大的金融炒作空间。

第二个原因是区块链本身的"透明、公开、不可篡改"的特性使得募资这个流程更加可信、自动化（参考上面说的链和智能合约）。

虽然大家现在看到很多募资项目一地鸡毛，但不可否认的是，这些项目的确也创造了很多财富神话，在过程中也创造出了很多新的玩法和模式，从某些角度而言也带来了一定的价值。

正因为如此，这项技术与传统技术的最大区别在于其天生的金融标签和创造出的这些历史，使得区块链受到强监管的同时也让很多人望而却步。这也变相使得大众对于区块链这项技术的理解存在很大的偏差。其实很多人会问关于区块链行业发展的问题，从现在回顾的话，区块链的金融标签很大程度也是阻碍了区块链这项技术正常发展的原因之一。

2.1.3　区块链的目标是什么

其实很多人看到这个问题会把答案脱口而出——"去中心化"。这个说法其实没有错，只不过不够贴切，去中心化算是一种过程。Provenance 创始人兼 CEO Jessi Baker 曾经说过："从本质上来讲，区块链是一个系统，使互不信任的人们开始相信对方。"毋庸置疑，区块链旨在建立交易信任。对于几乎所有供应链来说，无论是食品、医疗记录、珍贵的宝石和矿物、房地产，还是信用违约掉期，成功的关键在于透明度承诺和参与者可审核性。从这种意义上来看，我们可以将金融产品看作一级市场和二级市场的供应链。一方面为现金供应链，另一方面为股票、CD 或衍生品供应链。区块链的终极目标就是通过透明的方式兑现这个承诺。

其实就公链和联盟链来讲有很多关于是不是真正去中心化、真正区块链的讨论。其中遵循真正区块链理念的一些人的结论是完全去中心化的公链是真正的区块链，而联盟链由于节点数有限同时还有准入准出的门槛，所以并不是完全的去中心化，也就并不是真正意义上的区块链。

但当我们从最终目的来看的时候会发现，无论是公链还是联盟链，其目的都是增加大家的信任，并且通过区块链实现了这一目标。公链营造了自由的环境，由于节点众多且相互之间都不认识，所以最终链上的数据非常可信、不可篡改。联盟链虽然设置了准入准出的门槛，但在其独立的环境中也创造了任何一个或者几个节点无法作恶篡改数据的可信"联盟"环境。换而言之，通过区块链达到了原本没有区块链时无法达到的"信任"高度。那么在我看来，这就是区块链的目的，现在新基建也好区块链公链生态也罢都在朝着这个方向努力前进。

2.1.4　区块链与大数据、云计算、AI 等其他技术的关系

这也是最常见的问题之一，区块链与其他技术的区别和关系是什么。从技术上而言，区块链和传统的其他技术都是一样的。不同的是，其他技术可以独立地解决特定的痛点，但区块链则会成为每个项目的基础设施，无论技术架构是什么，业务多么复杂，区块链都会在底层对信任或者商业模式产生巨大的影响。

2.1.5 区块链和大众有什么关系

到目前为止，对于大众而言，接触区块链最直接的可能就是数字货币的二级市场和大厂的区块链产品了，但仔细想想，大众对区块链依然没有太大的感知。

众所周知，数字货币的二级市场非常混乱，从 ICO 到 DeFi，甚至连白皮书和技术架构都懒得描述就上二级市场开始炒作。对大众而言，区块链币圈二级市场存在的只不过是财富上的投机，至于是不是和区块链有关已经不重要了，大众对于区块链的认知则和"骗局"画上了等号。大厂的区块链产品则是另外一个极端，比如腾讯的电子发票和支付宝的相互宝。大众被告知这些产品使用了区块链，但是不是真的使用了区块链，又使用了什么框架，又是什么共识呢？一切就不得而知了，毕竟不是那么的"透明"。综上所述，我们发现区块链对于大众而言就是一个飘在空中的存在，这也是目前需要突破的一个瓶颈。

曾经在一次讨论中，一个朋友说区块链需要一个类似于"余额宝"一样的杀手级产品，我饶有兴趣地问他有何想法，他告诉我可以做一个和公交卡之类场景区块链的产品让老百姓去用。我第一反应就是觉得并不可行，这类产品当然非常适合结合区块链去做，但就算普及了，大众还是对区块链没有感知，更不要谈"余额宝"当初造成的影响。我个人认为和大众有关的杀手级产品肯定还是和每个人有关的金融属性产品。比较看好的，例如蚂蚁开放联盟链或者微众银行 Fisco Bcos 等，可以借用联盟链的技术做一个联盟链的类 DeFi 产品，不知道未来有没有机会看到，在这里就当我先做个预言吧。

当然，在分布式商业中我们也提到，区块链和大众的关系肯定不仅于此。未来大家的很多信息都会在链上，同时区块链积分或者我们说的数字资产会全部跨平台打通。大众的消费不再是单纯的消费行为，同时也会变成一种投资行为。数字货币的二级市场也会越来越规范，企业也会拥有自己的链上资产，用户可以选择投资自己看好的企业和资产。

简单来讲，在一个世界上一家独人去占据一个垂直领域是不可能的，但用户希望在不同平台之间无缝消费和网上冲浪的确是可以通过区块链实现的。在电影《头号玩家》中有一个叫绿洲的平台，无论游戏的创建者是谁，在绿洲中每个游戏的虚拟角色、道具、金钱都是互通的，大家可以真正地塑造一个属于自己的虚拟人物，而不是每打开一个游戏就重新创建一个。

2.2 区块链科普

现阶段科普区块链的书籍已经非常多了，我并不想花费太多的篇幅再来写一些重复的内容，所以本小节会重点说几个大众容易误解的点，同时还会论述一些其他书籍不太会提到的重点，希望对大家能有帮助。

2.2.1 区块链无法创造新生态

区块链在 2017 年刚刚进入大众视野时，很多人会觉得区块链是一种非常厉害的技术，好像能够颠覆一切。在那段时间里涌现出了非常多的区块链创造生态的项目，此类项目里都会通过区块链技术去创造一个全新的生态，将生态里已有的或者未来的产品都串联到一起，其中也设计了各种激励机制和二级市场的金融制度。每一个项目都描绘了一个非常宏伟的未来，看到这些项目的人也热血沸腾，但却都忽略了非常核心的问题：区块链到底解决了什么问题，为什么非要用区块链，不用区块链就解决不了这个问题吗？

上文中我们已经说了，区块链和其他技术都不过只是产品的一个基础建设，指望区块链去凭空创造一个产品生态，那更是异想天开。很多区块链产品定位都在公链上，公链最看重的就是生态，生态最核心的就是节点和 DApp 以及用户，我们来看下这样几个问题：

- 生态的用户在哪儿？
- 生态的盈利点在哪儿？
- 生态怎么做到自我造血？
- 为什么用户选择这个生态，而不选择别的区块链或者中心化的生态？

其实这些问题每个项目都有自己的说辞，但本质上和区块链没有太大的关系。换而言之，如果真的能够创造这个生态，那就是项目本身的优势或者实力，和是否使用区块链根本没有关系，区块链只不过是一个幌子。项目并不会因为用了区块链就取得飞跃式的成功，用户和合作伙伴也不会因为你使用了区块链技术就蜂拥而至，这才是关键。

当然，未来往往都有无限的想象空间，通过区块链创造一个完全的去中心化的生态也不是没有可能，但这需要大家一起努力一起付出。未来的某一天，区块链已经成为各个企业的新基建，也成为家喻户晓的技术的时候，那么这个生态自然而然就产生了。区块链是一个能够做到 1+1>2 的技术，是一个可以改变传统商业模式的技术。但前提是项目本身是要可持续发展的，是要有积累的，可以通过区块链来提升信任关系、演变出更多的商业模式。但千万不要拿区块链技术当成救命稻草，那就大错特错了。

2.2.2 什么是"去中心化"

"去中心化"真的是我看到大众对于区块链误解最深的一个点了。几乎每次的交流中，都会有人提到去中心化合法不合法，或者说去中心化的话企业还怎么落地等问题。这里我先给出两个结论：

"新基建层面，所谓去中心化，是指技术层面的去中心化，业务层面相对来讲是更中心化。"

"新基建层面，去中心化是为了更集权化。"

我们还是拿支付宝跨境电商这个案例来讲，我们发现使用区块链之后，无论是汇出机构、银行、中间行还是收款机构，当然包括支付宝等都无法做到一家或者几家去篡改约定好的流程或者数据，这就是所谓的"去中心化"，并不是说整个流程变成了三不管地带，而是不再出现一家或者几家可以中心化篡改数据的现象。与此同时，我们发现这些机构虽然在技术层面做到了去中心化，但他们作为联盟链的节点，整个链将以前每个独立的机构变成了大中心化的组织，这也就是我们说的业务变得更中心化。

关于集权化，更贴切的说法应该是从技术层面达到了更集权化的效果。比如现在有一个企业是一个细分领域的龙头老大，它原本和生态里的企业的合作都是通过合同和系统约定来执行的，但在这样的运作模式下，这家龙头企业是无法真正做到掌控全局的。一旦区块链变成生态的底层基础建设之后，很多重要的流程都可以上智能合约，智能合约既能避开很多人为的作恶，又可以避开其他企业不遵守约定的违约。那么相比以前，区块链让这个领域的龙头企业更集权，真正意义上做到了享有话语权和掌控全局。

2.2.3 区块链上的数据真的无法篡改吗

对区块链这个领域误解最深的应该就是区块链上的数据是不可篡改的。经过长时间的宣传之后，很多人误以为区块链是项非常神奇的技术，能够让数据无法被篡改，可能是人类最伟大的发明之一，然后就出现了很多人开始讨论量子计算机破解区块链中的算法问题。那么区块链上的数据到底能不能被篡改呢？

答案肯定是能，区块链上的数据本质上就是用现有的存储技术进行数据的存储，自然是可以进行篡改的，只不过区块链上的数据篡改成本会比中心化数据库高。比如我们常说的公链或者联盟链，它们都是由相互不认识或者有各自利益的节点组成的一个多节点记账系统，原本中心化的数据库说改马上就能改，但现在需要去说服相互不认识的多个节点一起篡改，成本自然就变得非常高。

区块链生态里关于篡改数据的行为都有着非常大的博弈，也就是说要改数据都有方式可以改，但会利用人性的弱点来保证数据不会被篡改。用比较通俗的例子来说，"我们认为正常的情况下，没有人会做一件收益远远小于自己付出的成本的事情"。如果你了解区块链，你会发现区块链中的共识设计、激励机制、预言机等很多机制都是遵循了这样博弈论的逻辑。所以，如果在黑天鹅或某些极端情况下，还是有被篡改的可能性。

2.2.4 区块链和数据库的区别

如果我们从技术角度来看的话，两者的区别还是非常大的。数据库是互联网存储数据方式的一种统称，但其只是有存储数据的作用。但区块链不同，区块链的底层是一个链式结构的数据存储机制，同时拥有自己的一套机制去确定谁来记账，如何生成区块，如何广播信息，等等。如果再结合智能合约，共识机制、DApp等特性的话，那区别则会更大。

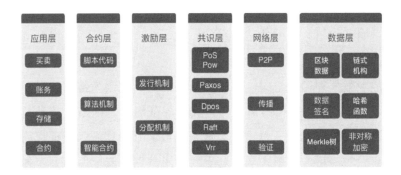

如果从业务角度来讲的话，最大的区别在于"中心化"和"去中心化"。数据库的作用是存储数据，对于数据的增删改查都是中心化的。中心化的特性会使得数据库性能很高，但缺乏安全性，同时无论对于合作伙伴还是用户而言，中心化的数据库在信任度上也有所欠缺。而区块链的优势在于大家一起在一条相互信任的链上进行存储数据、读取数据，同时不用担心谁会偷偷地篡改数据等。

简单来讲，如果不纳入通证经济的话，那么区块链和数据库的核心功能都是数据存储，但在实际的运作模式上，区块链能够质变地去改变原本的"数据共享"模式。我们假设有 A、B、C、D 四家企业，现在为了追求更大的利益要相互之间寻求合作。从中心化数据库切入来合作的话，那么往往是大家约定好数据结构和对外暴露的接口，然后开始相互之间的数据共享，这种也是现在互联网的模式，但问题显而易见，最大的问题就是数据的真实性和透明性。也许 A、B、C、D 正好是一个业务流程的上下游，大家只关心自己的数据，只是使用别人传过来的数据，但这些数据是不是真实或者是不是被修改过，A、B、C、D 相互之间是不知道的。只有等出了问题之后再进行法律上的追究，也就是我们说的事后成本很高。

如果使用区块链的话，A、B、C、D 可以使用同一根联盟链进行数据的存储和共享，首先作为链上的记账节点大家都可以看到链上数据存储的记录，这就做到了透明。又因为链的共识，大家可以使用 100% 投票通过的方式来保证每个记账节点的利益。也就是说 A、B、C、D 谁要篡改数据或者修改现有的流程都需要全节点的许可，这样就从机制上保证了数据的安全性和大家各自的利益。这和我们说的事后追责有着本质的区别。

但问题就来了，看到这里很多人其实也会思考两个问题：

- 数据库也可以开一个公共存储空间，大家一起存储，一起读取，为什么一定要用区块链？
- 虽然说上链了之后是有保障的，但上链之前的数据如何保证真实性？

第一个问题的本质还是信任问题，公共存储空间的控制权在谁那里呢？其他合作方又如何信任他呢？今天可以出现一家企业 E 创建一个公共的存储空间，但 A、B、C、D 等使用的企业最终还是会去担心或者怀疑 E 会不会偷取或者修改系统中的数据，那么这就又回到了中心化信任问题的死胡同里了。第二个问题的本质就是区块链并非解决一切问题的银弹，好的共识也是其只能保证链上的数据，而上链之前的数据是无法通过区块链来解决的。在很多日常的交流过程中，大家听到"区块链解决不了"就会对区块链表示怀疑。但问题是区块链本来就不是救世主，它只能解决适合它的场景和问题，任何技术都是如此。神话区块链只不过是大众以讹传讹的结果罢了。上链之前的数据我们通常可以通过大数据、人工智能（AI）、物联网（IoT）等技术的辅助来保障数据的准确性，本书后续的内容里会有详细的阐述。

2.2.5　联盟链、公链目前发展瓶颈是什么

区块链在国内外的发展是截然不同的，本书如不特定指出，那么都是根据国内情况进行的描述。目前国内新基建和所说的产业区块链基本上指的都是联盟链，而非公链。但公链是不是就没

有发展空间了？或者说未来就是联盟链的天下了？区块链是一种高速发展的技术，所以我觉得一切都不能那么早去下定论。

先从公链来讲吧。当初国内区块链大火几乎都是以公链为主，有的把公链说成操作系统或者继互联网之后的新生态，其实定位都没有错，但也的确对很多细节和闭环逻辑没有想清楚。从目前来看主要有两点。

第一点是需要一个良性的盈利模式。目前国内公链几乎都没有自己形成闭环的盈利模式，唯一的盈利模式可能真的就只能在二级市场进行投机操作了。就和股市一样，二级市场的存在当然是合理的，但二级市场的交易成为公链方和生态用户方唯一的盈利模式则非常不合理。这相当于从源头就注定了这是一场投机游戏，而不是真正创造所谓的"操作系统"或者"生态"。没有好的生态和盈利模式自然也就吸引不了项目方和用户，久而久之，公链就慢慢冷了下来，变成了今天的"徒有其表"的存在。

第二点则是公链的监管问题。公链的特点就是节点可以随意进出，这样才能达到真正的"去中心化"，这点天然与监管站在了对立面。曾经多次有人在公链上记录一些违法或者敏感信息，最终除了直接屏蔽相关 IP 以外根本没有办法从区块上直接删除信息。对于这点，在监管没有很好的处理方式之前，相信公链的发展也会受到一定的限制。

联盟链从共识机制上就解决了我们上述说的数据监管问题，那么关于盈利模式上其实目前还处于多方存疑的阶段。但有两点我觉得是比较确定的：

- 使用联盟链可以大大地提升业务效能，从而减少成本，这属于变相的一种盈利方式。

- 目前大部分的联盟链还没有结合通证（token），通证能够更好地打通特定的场景，实现在互联网所说的"黑客增长"。

联盟链目前面临的最大瓶颈是大众缺乏对于区块链的认知，同时也还在摸索区块链在产业方面的结合点，也就是需要回答"为什么一定要用区块链，为什么不能用中心化的互联网技术"这个问题。同时由于对联盟链的特定共识，也导致很多人觉得其可信度降低，认为其没有真正地实现"去中心化"。关于这点，我的态度一直是很坚定的：

"联盟链是通过技术让各方在合作的时候更去中心化，但在业务上表现得更中心化，是为了让大家更信任、更紧密地开展商业合作。"

所谓去中心化和中心化都是相对的，要看上下文，也要看参照物是什么。

正如一开始所说的，区块链是一项高速发展的技术，并没有绝对的正确或错误。公链和联盟链的技术和运作模式也都在不停地变化。未来的公链可能变成某个大联盟链的节点，从而达到监管的目的。未来的联盟链也可能成为某个大公链的节点，从而做到真正意义上的去中心化。所以单纯地去讨论两者我觉得还是太过局限，我们需要把脑洞开得更大一些去思考这个问题。

2.2.6 区块链中的通证是什么

其实大家看目录就知道，会有单独的一章来讲述区块链中的通证，这里主要是给大家说明一下最容易混淆的概念。通证其实就是我们所说的 token，也就是我们所说的币，它是基于区块链上智能合约（可以理解为一个程序）所产生的一个数字，那么为什么会出现通证这样一个称呼呢？

币这个称谓太具金融属性也太敏感，所以为了更好地进行传播，便出现了通证这样一个称呼。从本质来讲，币、token、通证其本质都是一个东西，但通证更多地用来称呼那些不具备直接金融属性且不在二级市场交易的币，我们也称它们为数字资产。通证只是一串数字，之所以透明公开可信是因为其底层区块链和智能合约有着去中心化的功能。

在后续章节我们会对通证进行非常详细的阐述和探讨，感兴趣的朋友可以直接阅读相关章节。

2.2.7　区块链和比特币的关系

对于大众而言最直观的理解就是比特币是一个应用，区块链是实现比特币这个应用或者说这个产品的底层技术。为什么大众经常会将这两者联系起来呢？主要是因为比特币是区块链技术的第一个也可能是唯一一个公认的成功产品。

现在无论国内或国外讲的区块链泛指的都是区块链技术，国内则更偏重于联盟链方面。区块链可以运用的地方非常多，不是只有金融和货币范畴，关于数字货币铺天盖地的项目和宣传大大减少了大众对于区块链的正确认知。而有趣的是大家在谈论比特币的时候，多数并不是谈论比特币本身，而是在讨论以下问题：

- 作为区块链第一个成功案例的影响和地位。
- 作为第一个去中心化点对点金融支付系统的意义。

- 作为数字货币的代表，区块链对数字货币领域的意义。
- 作为运行时间最长、最稳定的区块链系统，研究其共识机制和治理方案。

国内讨论比特币更多的是在讨论"信仰"，这种信仰并不是空穴来风，其背后是比特币系统以及二级市场价值的支撑，大家讨论的是一个未来理想的"乌托邦"世界。其实对于很多人而言，数字货币只有比特币和其他。比特币的特殊之处并不是其简单明了经过了十多年验证的 PoW 这一共识，也不是其展现出来的投资价值，而是其第一个在金融领域展现出了一个完全的去中心化系统。

比特币和区块链就好像双子女神，一个在引领区块链技术的发展，另一个在引领数字货币的发展，两者相辅相成。我们相信这种发展最终会改变世界。

2.2.8　区块链中的挖矿是什么

挖矿其实是从比特币的矿工角色中延伸出来的一个词。对于很多区块链项目来讲，挖矿就是通过一些项目特定的行为来获取通证奖励。就好像我们知道的比特币等公链项目都是通过算力挖矿。通俗点去理解的话，其实都是通过某些特定的行为从而得到类似积分的奖励。只不过普通积分更多的是在商城兑换点东西，而公链通证可以真正地换取真金白银。

我发现很多人被挖矿这个词绑架或者说误导了。并不是所有的区块链项目都需要挖矿，也不是所有的挖矿都是我们理解的挖矿。我们先说公链需要挖矿的原因。之前我们提到过公链是一个完全去中心化的网络环境，其中的节点是随意准入准出的，也就是说没有进出的门槛，节点相互之间都是不认识的。那么随之而来的问题就是大家为什么要做这个节点呢？节点在服务器上的成本也是相当昂贵的。也许有情怀是一方面，但一个项目、一个生态要长期发展一定是需要有利益驱动的，那么挖矿得到通证就是目前公链的激励机制。但联盟链或者某些私有链落地就不需要公链这样的挖矿机制，因为这些链上的节点都是有准入准出标准的，也就是说都是经过审核的，大家都是通过合作形式进行推进的，并不需要挖矿来抢夺区块链的记账权，也不需要挖矿来生成区块。另外一种挖矿的意思则是用户行为激励，这类挖矿行为产出的往往都是积分型的通证，并非能够直接换成国家主权货币或者锚定主权货币的稳定币。

所以综上所述，作为一条公链肯定是需要挖矿这样的激励机制来让更多的人参与进来，从而保证相对更去中心化的一个环境。作为联盟链而言，并不需要公链的挖矿模式，而是可以适当加入一些行为挖矿给予通证作为激励，但也不是必须存在的。区块链并不一定都需要挖矿，要看区块链的落地形式和业务而定。

本章没有非常全面地给大家讲解了区块链是什么，更多的是罗列了一些大家容易混淆或者误解的知识点。希望通过这些内容大家能更直接、更正确地理解区块链是什么。

第 3 章

通证经济

通证是在区块链领域被提及最多的术语之一，但几乎很少有人对通证本身的价值有全面或者直观的认知，也导致很多人直接将通证和"币"画等号，同时也因为一些项目把币和通证都归到了"骗局"一类。从宏观角度来讲，有炒作空间的币只不过是通证的一个子集，通证本身无论对区块链新基建还是去中心化的区块链世界都有着举足轻重的作用。未来的区块链的新基建落地中，区块链技术会从根本上解决大家的信任问题，而通证就是能够让商业真正落地以及创造出更多新的商业模式的钥匙。

3.1 什么是通证

通证这个概念其实是中文翻译过来的一种说法，很多人更早接触到的其实是"token"。如果正在读这本书的你是互联网技术的从业人员，那么看到 token 一定不会陌生。我们几乎在所有有产品传递登录功能或者账号授权功能的 API 接口都会看到 token 这样一个字段，token 里面包含的往往是一系列的身份信息和加密数据，主要是来验证当下请求的这个用户的身份是否正确。

在以太坊出现之后，token 才真正走入了大众的视野。简单来讲，由于以太坊上有了智能合约，所以基于以太坊的协议所创造出来的 token 可以结合各种不同的应用场景。注意，这里的 token 并非一定是货币的意思，这个 token 只不过是一串数字的存在，是不是货币或者是不是别的东西要看其协议和使用的方式，这些在本章后续会给出详细的描述。token 在以太坊早期主要被广泛用来做项目的募资，我们称之为 ICO。需要强调的是，ICO 的行为在 2018 年 9 月 4 日已经被国家严令禁止了，也就是说所有通过 token 向公众募资的方式都是违法行为。现在也有很多人换汤不换药地去进行募资，且不承认是 ICO，但无论是通过合约，还是通过微信、微博、twitter 等平台做 token 的早期兑换，其本质都是 ICO，都是违法行为。当然，在我看来 ICO 其实是个不错的创业手段和大众早期参与项目的方式，只不过这其中有两个关键点，如果对这两个关键点能够控制好或者说监管到位，那 ICO 是一个很好的方式。

注意：第一个关键点，在智能合约被严格审计没有漏洞的前提下，token 的兑换也就是募资，可以通过智能合约来进行，同时包括所有 token 的释放规则也是严格按照智能合约进行执行。

我们来解释下这个关键点。目前很多 ICO 的 token 兑换基本上都是通过合约进行的，但这合约的背后募集到的资金到底是不是进入项目方的口袋就不得而知了，或者说这个智能合约本身项目方能不能控制或者随意修改也不清楚。这就是 ICO 本身最大的一个问题。在几乎所有的区块链项目中我们都可以看到这个项目的 token 有 X 个，永不增发，此时给团队 Y 个，给私募分配了 Z 个等这样一些规则。如果募资的资金真的严格按照智能合约中写的规则来运作的话，那么我相信谁都会觉得很公平，会真正地从价值角度去审视这个项目。只不过现实中的 ICO 并不是那么透明，合约也是漏洞百出，甚至还有一些团队在拿到 ICO 的募资之后直接就提现跑路了。我们可以思考下这是为什么？其实根本原因还是 ICO 这个行为不够去中心化，或者说根本没有去中心化。换而言之，如果去中心化了，募集到的资金都被锁在合约里，任何人都无法直接提现使用，那么也许一个真正伟大的项目，一个大众与创始团队一起努力打拼的项目就这样诞生了。

注意：第二个关键点，有了价值体现才上交易所。

任何事情要有一个结果都是需要形成闭环的，交易所就是造成 ICO 乱象的最后一环也是最重要的一环。我认为交易所的存在是合理的，只不过交易所需要对 ICO 的项目做真正的评审，而不是一切以利益为驱动，谁给钱多谁就可以上架自己的 token。当然，这并不在我们本书的讨论范围内。如果一个项目在产生一定价值之后再上交易所，真正地让 token 能够在二级市场上流通，这才是一个健康的生态。

当然 ICO 也并不是一无是处，随着财富效应不断地被创造，也使得更多的人开始关注区块链。当 token 被翻译成"通证"之后，则又进入了一个新的时代，我们也可以称之为"通证经济时代"。随之出现了"有币区块链"和"无币区块链"以及当时热门的"链改"。链改其实就是"区块链 +"，也就是将互联网或者传统行业用区块链技术做改造。链改其实从理论上来讲是技术和业务两个层面的双层改造，但在 2019 年左右链改盛行的时期，大众更多关注的只是业务层面的区块链改造，根本没有涉及技术架构层面，这也说明更多的人并不是真的想做链改，只不过想借链改的名义去募资和融资。言归正传，通证的确是区块链或者未来商业生态上必不可缺的一个因素，接下来我们就来做详细的归类和分析。

最后需要强调一下，网络上已经有非常多关于通证的内容，可能每个人对于通证的定义都会不同，市场暂时没有统一或者官方的定义，希望大家不要有太多困扰。token 和通证未来最终如何定义和归类并不重要，重要的是大家要正确地认知其作用和运用场景。

3.2 交易通证

网上也称其为大通证，简单来讲就是将那些在二级市场流通、具有炒作价值的通证全部归类在大通证或者交易通证这一类。这类通证在早期的项目中往往是单独存在的，也就是说区块链行业早期的项目生态内除了交易通证以外就没有别的通证了，在我看来这也是很多项目失败的核心原因。在之后的项目中，此类交易通证往往还配合其他类型的通证一起出现，这不仅丰富了通证的整个经济体系，更是将项目从虚到实迈进的很大一步。

3.3 激励通证

激励通证是使用最多的一种通证，其实我们也可以理解为这就是区块链项目中的"积分"。关于积分大家都不陌生了，现在几乎任何一个应用都有积分。让我自己印象最深刻的就是移动、联通这类运营商的积分。积分本身其实是商家为了鼓励消费者再消费的一种激励手段，但现在根本没有人在乎了。这是为什么呢？就如同我们在第一章中提到的，积分最大的问题在于规则不透明，不仅滥发，同时也破坏了等价交换的原则。举个例子，我们每次吃海底捞都会有积分，会员身份也在不停地升级。这些积分是我们作为消费者真金白银消费之后才得到的。但作为付出真金白银获得商家积分的"上帝"，我们其实并不知道这个积分发放的总量以及整个积分的一个经济模型（例如能通过什么途径获得这些积分，又或者这些积分是如何被销毁的，等等），或者其他人通过什么途径能够获得这个积分。各种应用和场景的积分就在这样不透明的情况下变得鸡肋。

作为基于区块链发的积分激励通证能够很好地去规避这个问题。激励通证在实际的应用中往往是一种行为挖矿（注：在区块链领域中所有行为均可挖矿，但此类挖矿和使用显卡、矿机等实体机器或者虚拟算力挖矿并不是同一种），即用户可通过交易、发图片、点赞、发文章等各种行为来得到激励通证。激励通证一般并不会单独存在，它往往会采取回购或者抵押生息等方式与其他类型的通证产生关联或者兑换。像在本书一开始提到的新浪微博的绿洲，其水滴就是一种类似于激励通证的激励积分，最终会由新浪微博定期进行回购从而给用户带来收益。

很多人觉得激励通证相比其他通证并不是那么重要，其实正相反，其他通证往往目的比较直接，门槛也相对比较高，用户认知度也比较高。而经济模型好的激励通证可以最大幅度地吸引流量和留住用户，最终也给其他通证带来真正的价值。

3.4 股权通证

顾名思义，股权通证就是股权在区块链上映射成通证的存在形式。股权通证化之后基于区块链的纯天然记账、强金融等属性则流通起来更方便。在这里我们需要将区块链项目和链改之后的传统项目区分开来阐述。

我们先来说区块链项目的股权通证，其通证无论上不上交易所，都是直接和企业股权绑定挂钩，一旦企业上市之后，其可以按照整体市值来对拥有股权通证的用户进行分红或者激励。不过现阶段还是存在两个问题的：

- 区块链企业发放股权通证并同时已经上市的几乎没有，无论他们是否定义通证为股权通证，在没有分红之前也都是一种假设。
- 股权通证重要的一环还是由哪家公司来掌握分红和激励模式，当然我们并不知道未来有没有可能存在智能合约直接约定的模式，但其流程肯定是非常复杂的。

当然如果我们撇开这些复杂的流程，股权通证的确是个非常好的运用场景。

我们再来说上市企业链改之后的股权通证设计，往往是1∶1的映射关系去给到用户。这部分好处在于可以不通过实际股权中复杂的流程从而做到参与投票、分红以及交易等行为。之前在一个互联网企业其实做过一些内部的尝试，做了股权的1∶1映射之后给到了自己的员工，员工可以通过这个股权通证进行部门之间的合作交易，也可以进行点对点的交易（其实很多大公司内部本身就有股权交易的规则和制度，尤其是互联网公司），而股权通证使得这一切变得更透明便利。

我们来总结一下股权通证的优势：

- 简单、快捷、可信。通过智能合约发放对应的股权通证，同时也避免出尔反尔，一家独大的篡改数据的现象。

- 高流通性，可以省掉很多复杂的流程。
- 公开透明，股权通证的发放和激励信息一切都在链上做信息追溯。

可能很多人会质疑这个区块链的设计的股权通证和真实股权虽然是 1∶1 的关系，但其实在真正操作的层面两者还是有人为作恶的可能性，这在当下的确是个问题。但我觉得，首先，区块链在原本就中心化的商业层面就不应该强行做成完全去中心化，这是不合理的；其次，人为操作也只不过是现阶段区块链还没有普及之前的一个过渡阶段，未来普及之后，股权通证可以和股权直接通过智能合约挂钩，也就不存在这个问题了。

3.5　资产通证

终于说到了当下最火的资产通证了。资产通证真的是个非常值得探讨的和深究的一个话题。这也是我在 2019 年做链改的过程中和别人讨论最多的一个话题，资产通证在新基建大力发展的未来肯定会是一个重要的发展方向。

资产本身分很多种，我们先来说最直接的挂钩资产，也就是虚拟资产。虚拟资产包含了很多类型，包括游戏道具、艺术品、歌曲、人物角色等。大家也都知道马斯克已经将自己的头衔改成了"Master of Coin"，继提到比特币和 Dogecoin 之后他再次向大众宣告了自己要进入区块链加密货币的决心。2021 年 NFT（Non-Fungible Token）大火，NFT 即非同质化代币。马斯克再次紧跟潮流进军了 NFT 市场。

前几天我在微博上还说 NFT 没有价值，不过也不是一刀切的观点，NFT 有价值，只不过现在的那些 NFT 没有价值。我们来看几个关键字：艺术品、歌曲、区块链、价值、防伪。那么我们要来讨论的是这样几个问题：

- 虚拟物品的价值在哪里？
- 为什么要使用区块链？
- 如何绑定虚拟物品和区块链上的通证？
- 使用通证的优势是什么？
- NFT的价值在哪里？

先说虚拟物品的价值，虚拟物品其本身的价值其实是 NFT 的核心之一，这个价值往往是由这个虚拟物品本身的创造者或者定位赋予的，比如明星演唱会的 VIP 票，知名艺术家的作品，一件稀有的游戏装备，一个稀有的角色或者宠物，等等，这其实是

NFT 项目的灵魂核心。前几天我和国外的朋友聊起 NFT，他也正在做 NFT 项目的开发。现阶段很多 NFT 就是卡牌游戏，说到卡牌游戏，必须联想到的就是游戏王、万智牌、炉石传说。如果暴雪官方出了一个 NFT 产品，那我肯定会买爆，第一时间不睡觉也得买。为什么？因为暴雪的品牌在背书。如果游戏王、万智牌、炉石传说做 NFT，我也买爆，因为他们已经有了成熟的生态和足够的认可度。但现在的 NFT 项目就和早期的 ICO 一样，多数属于无中生有，也就是虚拟物品本身也没有价值，其生态也不健全，所以我才觉得没有价值，更何况还出现了将保存完好的名画烧毁去抬高在链上的电子艺术品的价格，这就更魔幻了。我甚至还看到有人觉得这很赛博朋克，但事实是这根本就是主次颠倒。

接着来说为什么要使用区块链。区块链是一个底层的可信的分布式存储技术，使用区块链无非是为了保证信息的不可篡改和可信。我相信 NFT 在未来会有非常多有价值的资产在链上，那么作为有收藏意义同时又有很大价值的资产，放在区块链上肯定比中心化的系统安全得多，同时区块链上也有独一无二的智能合约发的通证来做资产的挂钩。

2019 年我做链改的时候和很多人谈过资产上链的问题，万物都可以基于 NFT 的思路去上链。虚拟物品的话还是比较容易挂钩的，在链上可以拥有自己的哈希值，然后创建者和购买者以及转卖者都会在链上留有记录，那么所有的信息就能够比较清晰地可追溯了。资产上链绝对会是未来的一个趋势，但实体物品上链的确会有一个比较大的困难，那就是实体物品和虚拟物品之间到底通过什么来挂钩。就好比今天在区块链上的资产都有归属，信息也都是正确的，但实体物品出现了纰漏，被盗了，或者有赝品等，最后怎么在链上体现出来，又如何保证拥有权那一方的权利等，这些都是现阶段还没有解决的问题。

目前，NFT层面主要使用的通证有这样几类：

- ERC-721：以太坊网络中被官方正式接受的一种通过智能合约定义的非同质数字资产标准，具备可自定义的数据区，为物品或记录的数字化提供了可能。代表应用：加密猫、加密名人等。
- ERC-1155：由Enjin提出的一种在以太坊的单一智能合约中定义多个非同质资产的标准接口，主要服务于区块链游戏中的虚拟道具。代表应用：War of Crypto。
- ERC-998：由Matt Lockyer提出的一种在以太坊的智能合约中定义的可组合非同质代币标准（Composable NFTs，CNFT）。

之所以要挂钩这些通证，主要目的就是为了资产的唯一性或者为资产做一个编号。因为在NFT的世界里，无论你拥有一个普通资产还是拥有一个全世界独一无二的资产，其对应的资产ID都应该是唯一的，否则就无法做区分，也无法从源头上去证明这个资产是独一无二的。区块链技术的本质就在于非一个人或者一个组织去背书其信用，而是从技术源头上就解决可信问题。

最后我们来聊下NFT的价值，价值可谓是无可估量的。2020年ChinaJoy发行了NFT的门票，包括一些知名机构在2020年左右也都提出了未来要发行电子门票，等等，主要原因是基于区块链的NFT门票能够解决传统互联网门票不能解决的痛点：

- 门票的数量是透明有限的。基于区块链上的智能合约可以很好地在技术源头就确定电子门票的数量。

- 门票不会被作假或者信息篡改。现在的中心化系统都有可能出现合作方、主办方作恶的情况，而粉丝和参与者便可能为人鱼肉。

- 完全地去除黄牛中间商。由于电子门票其本质就是通证，我们在智能合约创建这些通证的时候就可以定义好数量，包括是否转卖和交易等。这样可以完全规避黄牛对门票作假以及大批量购买门票来垄断的行为，因为他们无法进行交易。

- 发放规则透明。电子门票往往有很多种类型，有的是用来参会的，有的是见自己的"爱豆"的，有的是拿限量版礼品的。那么怎么保证公平公正呢？那就是通过区块链来执行算法的公开透明。

当然这只不过是 NFT 的一个小小的应用场景，其在其他领域还可以解决很多痛点：

（1）价值回归作者

这也是 NFT 在未来解决的最大一个痛点。现在所谓的版权、归属权其实都是徒有其表。我曾经和微博上某位大 V 聊过现在音乐人的问题，他表示现在真正的音乐人，花精力、花时间去创作，但未来歌曲对外售卖的时候，根本没有多少价值是回归到真正作者身上的，可能是盗版横行，也可能利润都被中间商拿走了。其实不仅仅是音乐人，各行各业都存在这样的问题。再比如微博上很多账号都是内容的搬运工，很多转评赞量很大的微博视频往往都不注明原作者，很多原作者要出来强调自己才是原作者。这是很讽刺的。自己付出努力是为了有所回报，不是为别人作嫁衣的。那么这一类资产更需要从源头就用 NFT 来规范价值归属。

（2）收益确权

资产的流通是天然属性，在多级售卖的时候，利益分配不均或者不可信的问题是阻碍资产流通的最大问题。区块链中的智能合约可以很好地实现透明化和规范分润问题。一级市场和二级市场可以开放地去交易，不用再担心自己的收益问题。

（3）更强的流通性

区块链的特性可以使得资产在不同的平台上进行无缝的流通，同时又因为所有的分销规则都已经写在了智能合约上，这些都会大大增加资产的流通性。

（4）保证各种场景下虚拟道具的唯一性和其价值

头号玩家里提到的"绿洲"以及刀剑神域里面的"seed"，其本质都是用到了类似于区块链的技术，才能够跨游戏平台将用户 ID 和装备打通，这也的确是游戏行业未来的大趋势。在以前的网游中，很多玩家会看到平台说有一把全服制霸的屠龙宝刀，就会有很多人花大量的时间或者氪金去玩游戏以获得某个传奇装备。但可能过了几个月或几年，官方突然表示这个传奇装备量产了，或者有更强的装备了，这会让之前那些年付出的玩家如鲠在喉，然而又能怎么办呢？还不是被迫接受。以上这种情况更需要区块链和 NFT 来完善这个生态。

3.6 确权通证

在很多应用场景中，我们需要通过通证和人的绑定去明确资产的所有权。但在另一些场景中，我们不需要知道资产和谁是绑定的，我们只需要给拥有这些通证的人相应福利或者分红就好了。这个时候我们就需要确权通证了，同时这也会改变现有的一些商业模式和行为模式。

我们就拿中国的长租房来举例子，长租房最大的痛点就在于收租和多房东的问题，其实本身问题并不复杂。有人租房，到了时间收租金，但在实际中会有二房东，甚至三房东，也会出现逾期不交钱的情况。不妨使用区块链的确权通证来解决这个问题，我们试想下在未来央行数字人民币普及之后：

- 我们租房的钥匙通过智能合约创建的通证分配，通过检查央行数字货币钱包里有没有足够的余额来决定是否分配房间的使用权。
- 通过智能合约创建房子的租金分配权。假设一个房子一个月的租金是一万元，我们就1∶1地创建10000个确权通证给到房东。
- 如果有二房东或者N房东，那么他们必须和大房东进行交易换取这些确权通证，换取多少，智能合约就会到期给予其多少的房租分红。
- 到了约定的时间，区块链系统根本不需要明确谁是房东，只需要根据哪个钱包拥有这个发放的10000个通证来进行央行数字人民币的发放就好了。

相比现有模式，这种模式的优势在于：

- 避免不按时交房租造成的相互纠纷。
- 避免了N个房东之间的利益分配不均。
- 灵活地增加了权益的流通性。房东之间可以轻松地通过交易通证的方式进行权利的转移和分配。

■ 通过交易通证还能扩展出更多的商业模式。

类似的应用场景其实有很多，从这个例子我们就能明白，通过通证可以更方便、更简单、更安全地转移相关的权益，也就更有利于生态的发展。

3.7 稳定通证

稳定通证是一个非常大的话题，所以我单独列出一章来讲。稳定通证是在区块链生态中必须存在的一个通证。早期很长一段时间，大家都是拿着公链的二级市场的炒作通证来做投资和物品买卖的，我们会发现募资是通过公链的生态币，物品买卖也是用的公链的生态币，这其实是非常不合理的。这就好比今天你会用国家主权货币去买特斯拉的股票，但你会继续用特斯拉的股票去日常买菜、买可乐、买手办吗？逻辑上就是行不通的。我们常说一句话，就是不要考验人性。公链发了一个具有极大炒作价值的通证，那么大家就都来炒作了，但公链还希望大家在生态中能用起来这个通证，那就真的是在挑战人性了。

稳定通证就好像真实世界的国家主权货币一样，是一个完整经济体系里面必须存在的。必须一提的是央行数字人民币从定义上来讲也是稳定通证，只不过是新一代数字化的国家主权货币。

终于将通证的类型梳理完了，相信大家看到这里至少对通证有了一个全面的了解。在后面区块链落地应用场景的章节里我还会详细讲述无币区块链和有币区块链的不同应用模式，更多通证的落地应用我和大家再详细阐述吧。

3.8　通证的意义

　　看完这一章，相信很多人已经明白了通证的意义。区块链对于目前社会的意义是新基建，当区块链成为各大企业的基础建设之后，就会延伸出全新的合作商业模式和生态。这些生态的合作不再依靠现有的合同和系统权限以及所谓的个人或者企业的信用背书，而是依靠区块链技术的保障。同时未来的生态不可能再出现几家独大的状态，取而代之的是谁的生态更开放，生态节点更多，谁的共识更好。仅仅是区块链这一层面就已经对社会有了很大的推动作用。但单纯有区块链的确不太够，区块链从技术根源上改变了大家的合作模式，但无论是人与人之间还是商业层面都离不开金融，单纯的区块链根本无法完成最需要用技术去增强信任的和钱打交道的环节，所以就出现了各种类型的通证。

　　现在大众都已经听说过区块链了，我个人认为中国对区块链已经完全是打明牌的阶段了，央行数字人民币 DC/EP，发改委官方认定区块链是新基建，十四五规划也重点提到了区块链需要结合产业落地，等等。同时大众也一直听到区块链的金融属性很强，区块链能够改变现在的商业和劳务关系，等等。但真正明白和理解的人其实很少，本质来讲是对区块链的认知不够，对区块链上的智能合约以及通证的认知更不够。无论是我们之前提到的海底捞案例还是音乐人的案例，我们发现区块链本质就是为了价值回归，价值回归的本质是等价交换，付出多少劳动就得到多少回报，同时尊重原创者的版权，所以归根结底还是解决了信任问题。准确地说，并不单是解决了信任问题，而是直接从技术上解决了质疑的可能性。在后面的章节里我会给大家讲述更多区块链、智能合约以及通证的应用案例。

第 4 章

稳定通证

　　稳定通证是通证里面非常特殊的一种类型，对区块链生态是一个非常重要的存在。很多人会觉得稳定通证没有价值，毕竟不像波动通证那样有大幅的价格波动，此外稳定通证除了作为货币买卖物品以外貌似就没有别的用处了。其实并不然，本章主要展开论述稳定通证的价值。

4.1　稳定通证概述

4.1.1　什么是稳定通证

　　顾名思义，稳定通证就是价格稳定的通证。在区块链这个生态里面提到稳定通证，最直接的用途就是二级市场上与其他通证形成交易对，毕竟在交易中总需要一个稳定参照物让大家更好地去衡量另外一个通证的价格，那么稳定通证则是非常好的一个参照物。

　　稳定通证往往也被称为稳定币。关于稳定币，在 ICO 的早期公链项目中，也不乏一些项目是带有稳定通证的，因为公链项目的生态币金融属性太强，如果要让用户交易还需要另外一种类似于货币的稳定币作为支撑。虽然这个想法是正确的，但想法和实际落地的差距还是很大的。主要是有这样两类：

　　■　创建了一个通证，凭空定义为稳定通证。

- 创建了一个通证，可以与公链生态的通证按照一定比例进行交换，不过也是凭空定义为稳定通证。

但无论是哪一种类型，在稳定通证和自己的生态通证上都没有足够的价值支撑，最终往往只能是一地鸡毛。

稳定币从本质上来说是一种具有"锚定"属性的加密货币，其目标是锚定某一链下资产，并与其保持相同的价值。为了保持价格稳定，稳定币一般由链下资产做抵押（即抵押型稳定币），或采用某种算法在不同的时间上调节供需关系（即算法型稳定币）。目前存在两种类型的稳定币，中心化的稳定币和去中心化的稳定币。中心化稳定币通常用法币做抵押在链下银行账户中，作为链上通证的储备金。这通常需要对项目发行方有一定的信任。另外，中心化稳定币通常还可以用链上的加密货币进行超额抵押，并需要保证充足的抵押率（比如要求用户的抵押资产价值超过贷款总值的150%）。而去中心化稳定币在设计上灵活性和透明度都更高，因为其不由任何一方控制。另一种越来越受到大家认可的稳定币是央行数字货币（CBDC），从真正意义上来讲只有央行的数字货币才能真正叫稳定币。

4.1.2　稳定通证的意义

（1）普通交易

由于稳定币一般都是锚定特定国家法币，所以它可以很容易地在已有的场景上进行运用。所以我们可以使用数字钱包中的稳定币去电商平台购买物品，去支付员工的报酬，等等。稳定币在未来可能会在不同垂直领域里有很大的流通需求，最终则会和央行数字货币进行清算。

（2）跨境转账

2018 年的时候马云就提到过支付宝使用区块链技术做了跨境支付。在跨境支付的场景中使用基于区块链的稳定币能够大大降低支付过程中的高额费用，同时能在"去中介化"之后大大提高效率。

（3）稳定的交易资产

加密货币市场是非常不稳定的，如果试图将自己的加密货币转换成法币就需要耗费大量的时间，同时也有非常大的风险。但稳定币可以给予我们免受市场干扰的保护，以最大化我们的利润。

稳定币为我们提供了自由进入和退出加密币市场的机会，而不需要将加密币转换成可能收取高额费用的货币。

（4）防止法币通货膨胀

其实很多国家都面临着通货膨胀的问题，因为货币的增值或贬值取决于很多因素，但是有了稳定币通货膨胀的规则就不起作用了。因此我们可以用稳定币来保护我们的货币免受通货膨胀的影响。

无论是公链生态还是中心化互联网生态，都非常需要数字化的稳定币。从根源来讲，这可以大大降低铸币税以及更好地溯源使用路径。

4.1.3　稳定币的现状

稳定币虽然对未来有着非常重要的意义，但现状其实并不是那么乐观，主要涉及以下几个核心问题：

（1）各国政策

全球各国对于区块链和数字货币的政策几乎还都处于讨论之中，但我个人认为基本上有一项政策对于大部分国家来讲是比较明朗的，那就是稳定币可以创造，可以有使用的场景，但不能和主权法币挂钩，国家货币是一个国家稳定和权力的基础。就如之前泰国发了这样一条新闻：

"泰国央行：涉及泰铢稳定币的活动均为非法，不要使用 Terra 发行的 Terra THB 泰国央行（BOT）宣布，将把任何涉及泰铢的数字稳定币（THT）的活动视为非法，因为创建、发行、使用或流通任何物料或者代币作为货币是违反 1958 年货币法第九条的。

泰国央行表示，他们注意到在 Terra 区块链上流通了一种新型算法稳定币版本的泰铢（Terra THB），所以警告普通民众不要使用 THT 稳定币，因为没有法律保证或保护，也会影响公众对国家货币体系稳定性的信心。"

（2）如何稳定

稳定币如何稳定一直是大家不停探索和研究的一个重要方向。目前无论是法币抵押型、数字货币抵押型还是算法稳定型等方面都各有各的优缺点，本章后面会详细予以阐述。

（3）增发规则

增发对于货币而言是一把双刃剑，必须是在一套完整的规范和体系下才能够保持整个经济体系的平衡。不过对于区块链或者数字货币而言，一切才刚开始，所以这也是个巨大的问题。

2018 年 5 月至 2019 年 5 月期间的稳定币项目，可将其分为三类：

- 有40%的项目生命周期超过一年。
- 有50%的项目生命周期超过半年。
- 有10%的项目生命周期不到半年。

在稳定币这个生态的早期大部分项目的生命周期都很短。当然，对于稳定币这个产品来讲，生命周期越长意味着价值越大，运用的场景越大，对其认可的人也就越多。无论是区块链生态中的稳定币，还是现实世界中的央行数字稳定货币，两者都还是刚起步，各方面都有待探索和完善。

4.2　稳定通证如何"稳定"

4.2.1　国家货币抵押型

法币抵押担保是目前在区块链世界和主权国家数字货币最常用的一种创造稳定币的方式。何谓法币抵押担保？举例来看，如果今天某个机构要发 1 个亿锚定人民币 1：1 的稳定币，那么它必须先抵押 1 亿元的人民币，才能发行 1 个亿量级的数字稳定币。为了保持平衡，如果储备金被兑换出去的同时数字稳定货币也需要等量地被销毁，反之亦然。国家主权货币抵押的方式之所以最常用是因为其逻辑相对通俗易懂且方便落地，但也正因为这个原因，其不透明性是致命问题。

在区块链生态中大家知道现在量级最大的稳定货币就是 USDT，但 USDT 背后的公司 Bitfinex 已经透露，只有 74% 的 USDT 由现金和证券支持。近几年我们不断看到 USDT 近乎疯狂地在不停增发，这也成为大家茶余饭后讨论的话题。

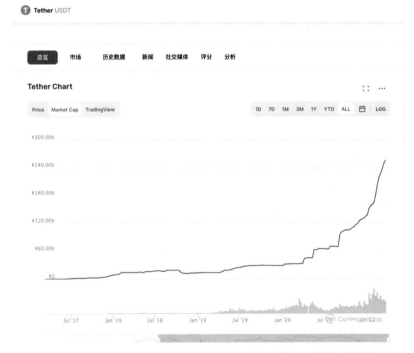

Fiat-Collateralized Stablecoins with Largest Market Cap				
Name	Ticker	Market Cap	Backed By	Year Launched
Tether	USDT	$4.6B	USD	2014
USD Coin	USDC	$662.7M	USD	2018
Paxos Standard	PAX	$244.8M	USD	2018
Binance USD	BUSD	$181.1M	USD	2019
HUSD	HUSD	$140.3M	USD	2018

我们再来看下 USDT 的市值，让大家有个更直接的感受。

之前清华五道口金融科技研究院特地以 USDT 为研究方向出了一份稳定币的报告，感兴趣的朋友可以到网上搜索一下。这里摘录其中关于 USDT 增发的一段数据，用数据说话能让大家更直观地了解 USDT。

USDT价格统计

Tether 今日价格

Tether价格	**¥6.51**
价格变动 24h	¥-0.000007102 ▼0.00%
24h最低价/ 24h最高价	¥6.51 / ¥6.53
交易量 24h	¥568,431,752,173.77 ▼16.39%
Volume / Market Cap	**2.23**
市场占有率	**2.17%**
市场排名	**#5**

Tether市值

市值	**¥255,422,685,122.36** ▲0.87%
完全稀释后市值	¥264,727,305,772.770

"从 2014 年 10 月 7 日到 2018 年 12 月 10 日，USDT 共增发 83 次，赎回 1 次，净增发数量约为 35.19 亿。其中 2017 年和 2018 年增发数额巨大，分别约为 13.9 亿个和 21.2 亿个 USDT。尤其是 2018 年，平均每次增发数量达 1.63 亿。Tether 公司官网给出了 USDT 项目当前的资产负债表，Tether 公司分别开立了美元账户和欧元账户。总资产（Total Assets）代表公司拥有的美元和欧元；总负债（Total Liabilities）代表公司发行 USDT 后，投资人用多少钱购买这种稳定币，分别约为 18.87 亿美元和 4000 万

欧元。从项目资产负债表看，股东权益（Shareholder Equity）均为正值，这意味着公司做到了每发行一个 USDT 就增加一美元储备，但实际情况并非如此。到目前为止，Tether 公司总计发行了约 35 亿个 USDT，项目负债就应为 35 亿美元，但这个数字同资产负债表中的 18.87 亿美元相差甚远，因此，Tether 公司存在过度增发和财务造假的嫌疑。"

综合以上事实和数据，区块链行业中其实很早就有 USDT 早晚要"爆雷"的声音，认为这只是时间的问题。此外也有另外一个稳定币在全球很受欢迎，那就是 MakerDAO 发行的 Dai，但只要和国外从业者聊过稳定币的人都知道，国外的用户相对偏爱 Dai，而国内的用户更偏爱 USDT。

4.2.2 "去中心化"和"中心化"

既然大家都觉得 USDT 会"爆雷"，那为什么用的人还那么多呢？其实主要还是由于用户体验的问题。在 2018 年的时候整个区块链生态都在热衷于做 DApp，DApp 其实就是去中心化的应用。DApp 能掀起一定热潮，主要原因是一方面手机上使用区块链产品会更加方便，另一方面其实大家也希望通过 DApp 的方式能让更多的人接触了解区块链。不过行业的发展并没有朝着我们预想的方向发展，去中心化应用和中心化应用的优缺点还是非常明显的。

- 去中心化的产品，无论是网页还是手机端 DApp，其使用都有着比较大的门槛。虽然相对安全，也省去了注册账号的一些烦琐的流程，但对于多数人而言，拥有一个

Metamask钱包并不是那么容易的事，更不要说现在还有那么多链，那么多对应的钱包，以及还有那么多不同的区块链网络。这基本上是阻碍普通大众使用去中心化产品的无法跨越的鸿沟。

■ 中心化产品虽然用户体验很好，在使用中也没有什么门槛，但其安全性一直受人诟病。尤其是区块链产品现在多数都和金融有关，一旦出现安全问题，对产品和用户都会造成很大的损失。

所以 DApp 最终的命运就和我们分析得一样，受众群体还是集中在区块链生态内，没法走出现在的圈子，也就不会有太大的生态发展。现在如果要购买 Dai，大家并不会选择直接去 MakerDAO 的官方去中心化平台去置换。

相反，大家会通过中心化交易所先兑换 USDT，然后使用 USDT 去购买 Dai。可能这个流程逻辑多此一举，但事实上这样兑换的门槛远远比使用 Metamask 在去中心化的智能合约上要低得多。这也就是大家虽然知道去中心化产品安全、流程便捷，但依然会选择去中心化产品中操作的核心原因。

这些年有非常多的公司在做和中心化应用操作体验一样的

DApp，既然我们知道痛点在哪里，那么只要想办法降低使用门槛就好了。至今已经有许多应用可以做到零门槛使用区块链产品了。但使用过程中最大的问题就是产品本身已然有很多的中心化模块存在。当我们创建一个去中心化钱包的时候，便会生成对应的助记词和密钥，会提醒用户谨慎保存两者，因为只有它们才是和钱包中的资产绑定的，一旦被盗，也就意味着钱包中的资产会被盗取。所谓的零门槛区块链应用其实就是用中心化的产品更快更简单地引导用户创建钱包以及访问各个链上的 DApp，但用户其实也并不知道这些中心化的产品会不会偷偷地保存自己的密钥或者助记词。同时由于用户对密钥、助记词的认知是不足的，往往也就随便地记录密钥和助记词，很容易最终导致资产的损失。

4.2.3　数字货币抵押型

数字货币抵押型是现在区块链生态中大家最热衷于研究和讨论的方向。我们做一套系统往往是希望其中确定的因素越多越好，变量越少越好。而数字货币最有趣的地方就在于其去中心化的系统中几乎都是不确定的因素，如何很好地平衡和管理这些因素就成了最需要克服的难点。

- 用来抵押的数字货币是一种波动资产，甚至波动还可能很大。
- 其生成的稳定币也并不一定稳定，需要通过一系列的机制对其进行保障。
- 其系统中的一些金融数据，比如利息、处罚金等也都是动态的。

正因为数字货币抵押模式下变数太多，所以我们才需要一系列的去中心化的生成、销毁以及管理的机制来保障其稳定币的稳定，同时也正因为去中心化的原因，我们需要通过DAO（去中心化自治组织）的治理机制来让一些关键的要素去中心化，才能让整个生态健康地发展。

这里就以MakerDAO的Dai为案例，我们来看下Dai维持稳定的核心逻辑以及其遇见的黑天鹅事件。

Dai是在MakerDAO生态上的一种稳定币，MakerDAO的核心功能我们称之为抵押债仓智能合约，也就是说任何人都可以在Maker平台上用抵押资产生成Dai做杠杆，通过Maker独有的智能合约—抵押债仓（Collateralized Debt Positions，CDP）。抵押债仓保存用户所储存的抵押资产，并允许用户生成Dai，但是生成Dai意味着生成一笔债务。这笔债务会将CDP中的抵押资产锁定，直到用户偿还Dai后才可以拿回抵押资产。有效的CDP都是有超额抵押的，这意味着抵押物的价值高于债务的价值。很多人都会问一个问题，即什么场景下我们需要超额抵押去获取资产呢？我为什么会抵押200元去获取100元呢？主要有这样三种场景：

- 你现在需要现金并拥有一种你相信未来会升值的数字资产。在这种场景下，你可以将你的加密资产存放到Maker金库中，并通过发行Dai立即获得资金。
- 你现在需要现金，但不想因出售加密资产而触发纳税事件的风险。你可以通过发行Dai来提取贷款。
- 鉴于相信你的数字资产会升值，你可以对你的资产加杠杆。

当然，事实上使用 Dai 的刚需主要还是来自于做杠杆。你可以抵押手中的以太坊资产去创造 Dai，然后用 Dai 去二级市场购买以太坊继续去抵押，循环此操作则可以运用杠杆放大资金。

我们一起来看下抵押债仓的详细使用过程：

1. 创建 CDP 并储存抵押物

用户首先发送一个交易到 Makcr 创建 CDP，然后发送另一个交易并明细抵押资产的种类和数量储存到用来生成 Dai 的 CDP 中。

2. 从 CDP 中生成 Dai

CDP 持有者发送一个包含从 CDP 中生成 Dai 的数量的交易，同时 CDP 也会产生同等数量的债务，这笔债务会锁定抵押物直到未偿付的债务被付清。

3. 偿还债务和稳定费用

当用户希望赎回抵押资产的时候，他们需要偿还 CDP 中的债务以及这个债务的稳定费用。稳定费用只能用 MKR（MKR 是 MakerDAO 的生态币）支付。当用户将需要支付的 Dai 和 MKR 支付给 CDP 后，CDP 中的债务就会偿清。

4. 拿回抵押资产并关闭 CDP

当债务和稳定费用偿还后，CDP 持有者可以发送一个交易给 Maker 并拿回所有的抵押资产。

一般而言，在 CDP 中的抵押物的抵押率是有一个安全阈值范围的，我们假设抵押率是 200%。但由于数字资产本身有很大的波动性，那么很容易出现抵押率下降的情况。当抵押率下降到低于安全值（150%）的时候，则会触发抵押物的自动拍卖流程。之所以是拍卖流程是因为考虑到 MakerDAO 是一个完全的去中心化产品，所以需要更多生态里的参与者和机构参与。同时，由于 MakerDAO 项目发布较早，所以就没有使用去中心化交易所（DEX）相关的机制，否则使用去中心化交易所进行清算抵押物无疑是个非常好的选择。抵押品拍卖的简单流程如下：

- 抵押品低于安全值则会被拍卖出售，从市场上回购Dai。
- Dai持有者可以竞价购买。
- 收集足够的债务之后，如果有剩余的抵押品将返回给原来的抵押者。
- 回购的Dai会被销毁。
- 如果抵押品价值低于贷款金额的150%，系统会开始清算抵押资产，将其销毁。

就如上文中我们提到的，整个去中心化生态需要生态通证的持有者一起来做治理，在拍卖过程中这些参与也会极大地影响整个清算逻辑，例如：

- 单次清算的规模。
- 竞价时长。
- 最小竞价增幅。
- 最长竞价周期。

如果中心化调整这些参数自然是非常容易的，但在去中心化的生态中要将参数调整到一个大家都满意并且公平公正的状态可是非常困难的。

我们通过一个详细的案例来了解一下整个清算的过程吧。

假设 A 现在在 MakerDAO 抵押了 1 个以太坊的数字资产，借出了 100 个 Dai，此时 1 个以太坊的价格是 180 美元，那么 A 在 CDP 中的抵押率就是 180%。过了一段时间，以太坊的价格出现了大幅的波动，价格跌至 120 美元，此时抵押率等于变成了 120%，那么也就低于 150% 这一安全值。如果用户没有及时去补充自己的抵押物而触发拍卖清算的话，是会有一个 13% 的清算罚金的，那么此时对于 MakerDAO 系统而言需要回购（100+13）个 Dai 才算清算成功。

此时清算人 B 在 MakerDAO 的拍卖平台上看到了这个抵押品的拍卖，B 竞价 20 个 Dai，虽然 20 个 Dai 与此时以太坊的真实价格相差甚远，但如果以太坊网络堵塞或者 Maker 生态参与者少的话，那么就有可能以 20Dai 的价格成交，那么 MakerDAO 等于赤字了 93 个 Dai，当然一般情况下就 Maker 的生态而言这种情况基本不会出现。在 B 竞价之后，又有另外一个清算人 C 看到了，觉得 20 个 Dai 实在太便宜了，则出价 113 个 Dai 进行竞价。此时和系统需要回购的价格正好匹配，那么拍卖成功，清算人 C 此时盈利是（120-113=7）个 Dai。MakerDAO 在拍卖资产的时候有时也会出现二次拍卖逻辑，还是参考这个案例，二次拍卖的时候 MakeDAO 会进行资产的反向拍卖，主要是为了给抵押人争取更多的剩余资产。二次拍卖则不是在拍卖以太坊，而是 113 个 Dai，此时清算人 D 出价 0.99 个以太坊，其实等于变相地在抬高以太坊的价格，随后清算人 E 出价 0.98 个以太坊，最终结束了本次拍卖。那么清算人 E 依然可以盈利（0.98×120-113=4.6）美元，而 CDP 的持有者则可以剩余 0.02 个以太坊的资产。

在一个健康的去中心化生态中每个机制每个流程都需要一套复杂的流程和机制去保证，同时又需要让大家都参与进来，不得不说，MakerDAO 是一个比较专业的去中心化产品，虽然还有非常多的细节需要去完善，但它真的给整个去中心化生态做了一个标杆榜样，也提供了非常多好的想法给到后来的项目。那么 Dai 有没有不稳定的时候呢？答案是肯定的。在 2020 年 3 月份出现了数字货币市场上最大的一次黑天鹅事件，比特币价格在短时间内直线降到了 4400 美元，以太坊也同样在短时间内出现了暴跌，之前 Maker 的拍卖逻辑中的竞价时长是 10 分钟，那么当以太坊网络很堵的时候，容易造成大家虽然出价去竞价了，但在以太坊的网络上并不能及时地将这个行为打包进区块进行成交，最终会出现竞价失败，造成清算者会以极低的价格购买了拍卖行中的抵押品，甚至出现了"0 元购"。

4.2.4　资产抵押型

这里的资产抵押指的是一些实际存在的资质，并非数字资产。在区块链的发展历史上也有不少关于资产抵押的案例。例如由黄金、房地产、石油等商品支持等。

Popular Commodity-Collateralized Stablecoins				
Name	Ticker	Market Cap	Backed By	Year Launched
PAX Gold	PAXG	$18.9M	Gold	2019
Digix Gold	DGX	$6.06M	Gold	2016
Petro	PTR	N/A	Oil Reserves	2018
Tiberius Coin	TCOIN	N/A	Commodity Metals	N/A
SwissRealCoin	SRC	N/A	Swiss Real Estate	N/A

　　资产抵押生成稳定币的优势在于抵押的资产往往都是真实世界中存在的实体，而这些实体很多是无法进行分割或者说很难进行快速流通的，如果转换成数字稳定币之后，这些问题也就迎刃而解了。同时用户也不用担心实体的安全性，从某种角度来讲，部分实体资产的安全性比数字资产高很多。和抵押法币生成稳定币一样，资产抵押型也有对应的风险和缺点。

- 如何进行实体价值的评估，基于数字货币的属性，是否存在全新的评估方式。
- 链上的数字货币和链下的现实资产如何进行有效的对应挂钩。
- 如何保持创造出来的数字资产的稳定。

4.2.5　混合抵押型

　　最后一类就是混合式抵押资产进行稳定币的生成，不过这类模式的项目本身披露的信息就不是很多，并且大家通过其他的抵押模式可以看出单个资产抵押模式都会有很多已知和未知的风险，更何况混合抵押，监管也会有更大的困难。

Popular Hybrid Stablecoins				
Name	Ticker	Market Cap	Backed By	Year Launched
Reserve	RSV	N/A	Initially backed by tokenized USD, then algorithmic	TBD
Libra	N/A	N/A	Backed by basket of fiat currencies and US Treasuries	TBD
Celo	cUSD	N/A	Crypto-assets in reserve with supply expansion and contraction based on the reserve ratio	TBD

4.3 预言机

4.3.1 预言机是什么

相较区块链，预言机对大家而言其实是个更冷门的词汇，但预言机真的是非常重要的一个技术环节。很多人对其不了解，仅从字面上去理解的话很容易误解预言机本身的作用。在 2018 年 11 月 6 日，中国人民银行发布的《区块链能做什么？不能做什么？》报告中，对预言机是这样定义的：

"区块链外信息写入区块链内的机制，一般被称为预言机（Oracle Mechanism）。"

单纯这样看可能比较难理解，我们来举个例子。大家都知道区块链是去中心化的，那么在区块链上的智能合约也必然是去中心化的。大家都知道《暗黑破坏神 2》已经发布，假设今天有个区块链系统在执行业务的过程中需要知道在《暗黑破坏神 2》中哪个角色使用的人最多，按照正常的互联网系统的运作方式，是我们在程序里写个模块来告诉需求方，或者通过外部的第三方服务机构来告诉他们每个角色的使用情况。

但这时问题来了，无论是哪种情况，在区块链生态中都是打破了"去中心化"这个宗旨。在一个区块链的去中心化系统中，理论上我们不应该出现人为的或者中心化的系统去进行数据的传输，否则就会让区块链变成一个约等于中心化的系统。因而需要一个从区块链外部写入信息的机制，这就是我们所说的预言机了。

如果看到这里，你还是不太明白预言机的逻辑，也不用着急，

了解预言机的前提是要理解去中心化的理念和预言机具体做了
什么。

4.3.2 对于预言机的误解

大家对于预言机的误解主要源于两个方面。

一方面是源于预言机的英文——Oracle，那么大家就会想到
数据库，毕竟甲骨文、Oracle、数据库被互联网紧紧地联系在了
一起，但在区块链中并不是这个意思。我摘录了一段关于 Oracle
的描述：

"术语预言来自于拉丁文导出 oraculum 和 μαντειον 希腊语，
意思是神或神来，他们面临的问题，如谁给的答案，甚至圣域神
性本身或上帝的两种反应，代表神或神的庙宇、雕像、地方、并
在其中提问和回答。"

另一方面，正因为区块链生态中的 Oracle 是以上含义，所以
中文翻译就成了预言机，但预言机这个名字本身也非常具有误导

性，很多人会觉得这是一种预测性的软件产品，甚至和人工智能有关系等，但事实也是一点关系都没有。

所以，正如上文所说，预言机是链接区块链世界和现实世界的一座桥梁，其本身还有非常多需要摸索和发展的地方，但它并不是一种数据库，也不是一种能预测未来的技术。

4.3.3 预言机的类型

就目前来讲，我们看到的预言机可以简单分成中心化预言机和去中心化预言机。如果从逻辑上来讲，也可以分成链上预言机和链下预言机。预言机现在多数被用在 DeFi（去中心化金融）领域，包括一些去中心化金融的衍生品中。就拿区块链去中心化金融举例子的话，一个理想的预言机应该具备这样一些特点：

（1）价格准确：能真实反应市场的情况

预言机往往需要对用户（这里的用户并非是 C 端，需求方是那些区块链金融产品）的产品进行喂价，这个价格必须是真实市场的价格，否则上链之前的数据就可能是错误的。

（2）价格反响及时：对真实市场的情况反应足够快

预言机的喂价需要足够及时，否则会造成区块链去中心化金融产品生态中用户的资金损失甚至是生态的崩塌。

（3）具备抗攻击性：作恶成本高

作为区块链世界和真实世界之间信息互通的桥梁，预言机本身需要非常强的抗攻击性，否则一样会造成真实世界的巨大灾难。

（4）对价格进行直接验证：验证者是任意第三方，同时不需要审查或门槛预言机本身需要有对数据来源验证的能力，同时又必须是去中心化的机制，这样才能从根源上避免整个去中心化产品（区块链去中心化生态——预言机——真实世界）有中心化的造假可能性。

（5）报价系统是分布式的：不需要审查或门槛，可以自由进入或退出

和区块链的节点类似，最理想的状态就是没有准入准出，这样才是健康的更去中心化的生态。

其实这些特点多数和区块链这个生态本身是很像的，因为两者都是为了尽可能构建一个去中心化生态而出现的技术。但值得一提的是，和区块链一样，预言机也存在类似于联盟链的预言机形式。我认为这也是非常必要的，毕竟在联盟链或者一些业务场景下，有联盟预言机总比纯中心化的系统对接安全。区块链也好，预言机也罢，都处于高速的发展中，一切皆有可能，现在仅仅是一切的刚开始。

4.3.4 预言机面临的问题

现在大家已经知道理想状态下一个预言机会具备哪些特点，当然如果未来能出现近乎完美的预言机那是最好的，但就当下已经出现的各种预言机而言，其会面临这样几个常见的通用问题。

1. 去中心化预言机的数据清洗问题

为了确保去中心化预言机往往会选择多个数据来源，我们称之为预言机节点。无论这些节点相互是否认识，它们都会给预言

机提供它想要的数据。假设节点给的数据都是真实的，此时预言机需要去整合这些数据从而得出最接近于真实世界的数据来给到数据的使用者。这就需要通过一系列的机制去进行数据的整理和清洗，这个过程既要保证预言机的响应速度，又要保证其去中心化，的确是一个非常具有挑战性的问题。

2. 吃空饷问题

吃空饷是指整个预言机去中心化的节点中存在抄袭现象，也就是说这些节点并不是自己去获取真实世界的数据，而是通过一些手段去复制别的节点的数据传给预言机。对于这种现象从预言机的角度很难去判断谁是原创谁是抄袭，如果一个预言机中出现大量的节点进行抄袭，并且抄袭的还是一个错误答案，那么预言机传达给区块链的信息也就是错误的。关于这个问题，现在已有预言机会对传输数据进行加密再最终做统一解密的方式来解决，相信未来会有更多的解决方案。

3. 数据源的准确性

数据源的真实度其实是预言机的节点要去解决的问题，而不是预言机本身要去解决的问题。一般节点往往选择多数据源的方式来对数据进行相关的验证。但预言机需要设计一套机制来保证节点提供的数据是真实的，而不是通过自己去验证。

4. 激励机制

这不仅仅是预言机要解决的问题，也是区块链需要解决的问题。就如我们之前说的，整个预言机的运作模式和去中心化的区块链是非常相似的。预言机需要不同的机构或者个人来做节点，那就需要一套完整的机制和惩罚机制。但由于是需要 DAO 模式来进行治理的，所以这套机制需要在前期设计得很公平很完善。在一个去中心化的生态中，最忌讳的就是不停地去更改规则，或者规则的设计有非常大的漏洞，这会容易造成整个生态的巨大损失。同样地，激励机制和上文提到的预言机目前遇见的一些问题是强关联的，这些问题如果不能很好地解决，也就不能适当地去做奖罚，那生态也就不能健康地发展了。

4.3.5　预言机案例

也许看完上述内容，你对预言机依然没有一个清晰的概念，那么我们来说一些案例，相信这些案例会帮助你全面宏观地对预言机有一个充分的认识。这里我选择了两个相对来讲比较有代表性的产品，一个是 ChainLink，另一个是 NEST。这两个产品中非常全面地涉及链上治理、链下治理、主动喂价以及被动喂价等各种元素。需要强调的是，本书的案例只是为了让大家更好地理解预言机的机制，和其项目本身没有任何关系。

我们先来说 ChainLink（由于区块链产品更新迭代特别快，最新的产品逻辑可能已经与本书的描述不同，但这并不影响我们了解预言机的基础逻辑，同时我也很鼓励大家能够通过自学的方式去学习最新的技术），其具备 LINK 作为使用 ChainLink 这个预言机的基础门槛。从下图我们能够看到 ChainLink 的核心流程是这样几个步骤：

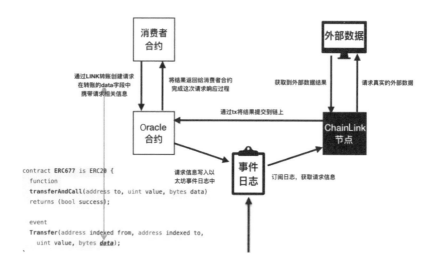

1. 消费者合约向 Oracle 合约发起请求

现在区块链的智能合约想要知道真实世界的一个信息，在区块链中的行为大多都是通过交易打包的方式进行的。那么智能合约需要通过使用 LINK 转账去创建一个请求向预言机进行相关数据的询价。这里需要补充的是，支付 LINK 的多少也会决定最终预言机去获取数据样本的数量。支付的越多意味着样本越多，也就代表预言机获得的数据可能会无限接近于真实世界。

2. 预言机合约将请求写入以太坊日志

产品本身就是基于以太坊的生态来做的，请求写入以太坊也是正常的操作。这里要说的一点是写入以太坊和以太坊的日志是不同的。从预言机的定位来讲，使用越频繁说明用户越多，也就说明生态越火热。但如果选择写入以太坊的话，那么高昂的 GAS 费（GAS 费是使用以太坊网络需要的手续费）将最终击垮用户或者预言机本身。而事件日志存储的 GAS 费用与链上数据存储相比要更加实惠。在以太坊存储 256 位（32 字节）需要 20000 个 GAS，而事件日志每个字节只需要花费 8 个 GAS，只有前者的 1/78，所以预言机将请求写入日志是个很聪明的方式。

3. 节点订阅日志

以太坊日志提供了非常便捷的订阅功能，我们一起来看一下官方文档中订阅日志的代码：

```
var subscription = web3.eth.subscribe('logs', {
address:  '0x80aae114cd8482d6a86d279c38e56a
8e64799500',
topics: ['0xddf252ad1be2c89b69c2b068fc378daa952ba7
f163c4a11628f55a4df523b3ef']
}, function(error, result){
if (!error)
console.log(result);
})
.on("connected", function(subscriptionId){
console.log(subscriptionId);
})
.on("data", function(log){
console.log(log);
})
.on("changed", function(log){
});
```

4. 节点获取外部数据

各个节点会通过自己获取数据的方式进行真实数据的获取，这里我们需要注意的是节点也可能使用多子节点或者多渠道的方式，也就意味着节点本身就需要一套机制去保证数据的准确性和及时性。当然，它们可以完全使用中心化的方式去实现这个目标。

5. 将结果提交到链上并完成用户请求

这是一个链上行为，在通常情况下我们认为所有的链上行为都是不可篡改且可信的（不通常的情况例如比特币的 51% 算力攻击等）。

这就是我们第一个案例需求方从请求预言机到返回结果这样一个完整的生命周期流程，相信大家对于预言机是什么应该能有一个更清晰的概念了。在这个案例中，我相信很多读者也能看到其中可能出现的一些隐患，比如：

- 数据是否能够及时获取；
- 数据的真实性如何判断；
- 只有最后返回结果是链上行为，那其他流程中的链下行为如果出现问题，如何进行验证和追溯。

就如我在一开始提到的，大家如果感兴趣可以去阅读项目对应的开发文档和说明书，去寻求这些问题的答案，同时去思考项目的解决方案是不是真地解决了我们说的这些问题，又是否有更好的解决方案。当然就目前的情况而言，各个预言机都很好地解决了若干问题，但无法解决所有的问题。

我们再来说下第二个案例 NEST。再强调一下，选这些案例只是因为我觉得这些案例比较有代表性，和项目本身没有任何关系，希望读者们能透过项目看技术和逻辑。我们一起来看下 NEST 的逻辑：

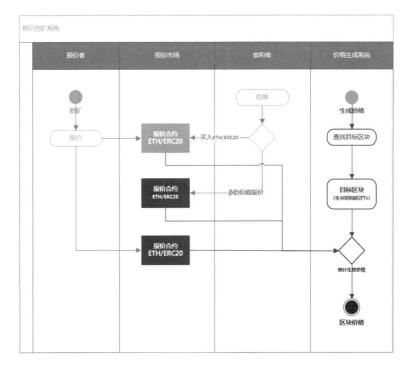

（1）任何人进行链上报价

这里指的并不是预言机的使用方也不是节点，而是任何一个人。任何人都可以在 NEST 上进行报价，我们称之为挖矿行为。只不过 NEST 上的报价行为并不是随便报价，而是一种根据报价进行双资产全锁仓的行为。简单来讲今天你报价是 1ETH=100USDT，那么你需要存入 10 个 ETH 和 1000 个 USDT 才能成功报价。

（2）任何人可以进行链上的吃单

任何人看到有人报价之后都可以吃单，也就是说 A 今天先报价了，B 觉得 A 的价格和真实价格有差别，则可以根据 A 的报价购买 A 之前存入的资产。此时无论 A 的报价相对市场报价高低与否，B 都能有套利的空间，A 最终会得到两倍的单边资产。按照上文的例子，那么 A 最终会得到 20 个 ETH 或者 2000 个 USDT。

（3）重新报价需要指数倍的锁仓金额

B 购买了 A 的资产之后需要锁仓指数倍的金额进行再次报价，然后就看在有限时间内是否有人来吃单，如果有那么重复（2）和（3）。

（4）在有限时间内没有人在吃单的话则确认价格

报价数据是记录在区块上的，所以在有限的时间内，比如 5 分钟，在以太坊上面差不多是 25 个区块的时间，如果没有其他人报出新的价格的情况下，则价格会被最终确认。

整个 NEST 预言机的简单流程到此就结束了，我们能够看到相比其他预言机，它的主要特点是：

- 主动提供数据；
- 一切都是链上行为，有据可依；
- 有比较好的防作恶机制。

NEST 非常好的一个机制就是双资产锁仓方式。我们可以计算下如果有人要进行恶意报价的话需要付出多少代价。当下以太坊上每个区块最多可以报价 20 笔交易，如果每个区块有一笔交易，那么报价的规模就如我们例子中的一样为 10 个 ETH，ETH 的 25 个区块是 5 分钟。如果要让 NEST 在一个小时内不被吃单，也就是没有任何新的报价，需要使用的资产为 $2^{12} \times 25 \times 10 \approx 100$ 万个 ETH。这种机制从设定的机制源头就避免了作恶的可能性。但同样地，部分完善的机制下也有明显的短板：

- 主动报价的机制牺牲了对于市场价格的灵敏性，很难及时进行报价，容易与市场出现比较大的差价；

- 主动报价的机制强依赖于产品生态和用户数量；
- 虽然有很完善的防作恶机制，但如果通过攻击NEST或者占有51%以上的NEST来使得报价机制失效也是很大的潜在风险；
- NEST本身的智能合约也可能存在漏洞，等等。

至此，我相信大家已经完全明白了一个去中心化的生态是多么的复杂，我们来总结一下：

- 区块链本身是一个去中心化的技术，公链和DeFi都是完全的去中心化的生态，而一个生态健康与否取决于是否有一个完善的DAO治理模式，那么这个治理模式在去中心化的生态里是一个至关重要的定位。一些人会说DAO是一场大型的社会人性实验，我非常认可，因为一个优秀的DAO设计并不是去规定大家怎么做，而是通过一系列的博弈来达到一种平衡。
- 通过抵押国家主权货币或者实体资产而生成的稳定币都是中心化的，而去中心化的稳定币属于DeFi的一种，那么就需要很完善的DAO进行治理。
- 区块链的系统中如果需要链外的信息，那么就需要预言机的介入。预言机本身如果是去中心化的模式，那么预言机也需要一套激励机制来鼓励更多的人和机构参与进来，从而保障预言机提供数据的真实性。而往往这个激励机制的媒介也是一种通证。

第 5 章

数字活动和电子支付

央行的数字货币相信大家现在都已经知道了，不得不说，央行数字货币从其披露到试运行到现在一系列技术架构的演进速度着实让我非常惊讶。DC/EP（Digital Currency/Electronic Payment，Digital Currency 是指数字货币，Electronic Payment 是指电子支付工具）的发展和推进也从侧面说明了国家推行数字货币的决心。但就如同对于区块链的了解一样，大众对 DC/EP 的了解更是少之又少。大家对于数字货币最大的疑问莫过于其和现在国家货币的关系，和支付宝、微信支付等第三方支付产品的关系，和我们平时所说的区块链的数字货币的关系，以及和自己到底是什么关系。本章我们就来详细聊聊这些问题。

5.1 DC/EP

5.1.1 DC/EP 是什么

DC/EP 的全称在上文已有介绍，关于 DC/EP 的架构和一些细节的内容大家可以在央行数字货币披露的架构文件或者一些第三方总结的文档中找到，我就不在本书里赘述了，而是更多地讲解个人的一些理解。非常幸运的是，我前不久看到周小川教授关于数字货币的一个分享，这也给了我非常多的启发。

其实早在 2014 年我国就开始了数字货币的研究，在全球来讲也可以说是相当早了。然后在 2017 年，也就是国内区块链和 ICO 爆发的当年开启了数字货币电子支付的调研项目。同时在国内区块链行业著名的 94 事件中中国政府明令禁止了 ICO，也就是区块链发行的数字货币的公开募资行为。随后在 2019 年正式宣布进行央行数字货币的试点，第一批试点分别集中在深圳、苏州、雄安以及成都。

当初 DC/EP 正式披露要进行试运行的时候，正是 Facebook 宣布天秤币即发行 Libra 的时候，Libra 是个锚定一揽子国家货币的数字货币。也许有人会觉得央行是迫于 Libra 和区块链数字货币的局势才急于披露 DC/EP 的，其实并不然。中国这些年的金融发展有着开发 DC/EP 天然的驱动力和机遇，这也就是为什么早在 2014 年央行就已经立项了。

2010 年开始中国很多公司开始悄无声息地进行移动互联网也就是移动端的应用开发，我有幸也是从 2011 年开始接触移动互联网手机端的开发，完整地经历了移动互联网发展的一个过程。现在回过头去看，目前区块链所处的时间和形式和当初移动互联网早期非常相似，最开始有一小部分人开始研究 Android，做 Android 开发，当我们和身边的人说 Android 和 iOS 的时候大家多是不屑的态度。随着移动端的大爆发，中国一下子成为全球移动支付最发达的国家之一。在这样的发展形势下，也出现了很多的需求和可预知的风险：

- 提升支付系统的效率。毫无疑问，中国是人口大国，现在又是移动支付的大国，那么整个金融存储体系需要从根本上提升效率。
- 所有信息数字化。我们以前出门会带很多卡、钥匙、钱包、手机等各种东西。随着技术的发展，国人更喜欢只带手机出门，那么手机作为操作终端，将所有信息集中化也是大势所趋。

- 互联网支付已成为日常。这也说明市场和老百姓的支付习惯已经改变。

- NFC等技术的革新。很多人最早听说NFC技术可能是用手机充值交通卡或者去刷交通卡。但NFC的确将离线支付变成了可能。

- 需要规避货币风险。纸币有很多天然的缺陷，比如难以跟踪、携带困难等，为了更好地规避这些风险，那么货币数字化是必然的发展方向。

中国央行数字人民币采用了双层架构，DC/EP 是由中国人民银行发行，由其他银行或者金融机构支付 100% 抵押金之后最终在市场上流通的。作为第一层架构主体的央行与第二层主体（银行、第三方支付机构等）之间，并非人们所理解的简单的批发 - 零售关系。事实上，第二层机构需要承担 KYC、反洗钱以及用户数据隐私保护等一系列合规责任，而一般的 CBDC 往往认为这些责任都归属于央行。

双层架构是不是最优的选择现在还不得而知，毕竟在数字货币和金融领域有太多的技术和实现架构，每个人都可能说自己是最好的，央行要选择出一个最优的解决方案还是非常困难的。就如之前说过的，中国是一个移动支付和人口大国，单一的技术方案往往无法满足需求且有一定风险。在一些小国家做国家货币的更新换代往往比较容易，效率也很高，新一代国家货币可能 1～2 年就可以完成迭代，虽然数字货币是全新的技术，但国家货币的迭代也具有一定的参考意义。但中国不同，曾经每次国家货币的迭代往往历经 10 年的时间，并且在更新迭代之后出现非常多的遗留问题，这就是本质区别。

数字货币也许未来会取代现有的货币形态，但就中国而言，很长一段时间内肯定是两者并存的状态，也就是说我们其实需要的是一套能兼容现有体系以及新的数字货币的系统。任何一套新系统在发展过程中都会出现各种问题或者缺陷，尤其是金融系统，我们不可能在升级或者修补缺陷的时候去停止交易。央行数字货币一旦开始流通，之后如果现有人民币出现问题，则会影响到央行数字货币，反之也是一样。这两者在系统和金融体系上不会是独立的存在。

央行在 DC/EP 上选择的技术路线基本上包括了目前所有主流的支付方式：

- 二维码。二维码的历史其实已经很久了，也有人说二维码不久就会被新的技术替换。但现在看来短期内还是会普遍使用的，这次疫情期间二维码真的是立大功了。
- NFC。NFC 使得近场支付变成了可能，虽然普通大众对 NFC 的认知远远小于二维码，但实际上日常很多场景都会用到 NFC。
- 银行卡数字钱包。现在一些城市已经有了城市一卡通，但出门带实体卡总是有非常不方便的地方，因而现在交通卡以及一些消费卡也都全部集成在了手机里，这样大家出门带一个手机就可以了。

5.1.2 DC/EP 带来的思考

我们怎么理解 DC/EP 的特点属性呢？最简单的方式莫过于直接和现在的人民币去对比，央行数字货币几乎所有的特点都可以直接用人民币去挂钩比较，DC/EP 除了拥有实体化以外人民币所有的特性，当然也具备其他国家货币不具备的特性。

网络上很多人会时不时地讨论 DC/EP 的未来以及其和实体人民币的关系，我觉得从长远角度来讲，DC/EP 的第一个使命就是完全地将国家货币去纸币化，这不仅仅是为了将整个社会的金融体系变得更健康和高效，更是为推进下一个阶段做准备。在曾经一次人社部的分享中，现场有人问过我这样一个问题：

"如果未来真的完全去纸币化了，那么有一天都停电了，手机也没有电了，那么支持 DC/EP 的一切的基础不就不存在了吗？在我看来这是一个巨大的缺陷。"

这个突如其来的问题让我的大脑一下子当机了，我还真是愣了好几秒钟没有回答出来。但回过神来想想，就如上文说的，DC/EP 除了数字化以外，本身其属性是和实体人民币一模一样的，也就是说当面临一个问题时，如果实体人民币无法解决的话，DC/EP 同样无法解决。就如同电影《一出好戏》中表达的剧情一样，当大家都漂流到一个孤岛上之后，钱就已经失去了它本身的价值。就好像我们说的都停电了之后，那么人类社会所建立起来的金融体系和其他文明也就不复存在了，所以无论是人民币还是 DC/EP 都已经失去了价值。故而这样的问题本身就是极端和无意义的，所以这并不是 DC/EP 的缺陷。

同样地，也有很多人质疑 DC/EP 是一个纯的中心化系统，这和区块链的精神相悖。在前面几章我就曾经强调过，区块链只不过是一种技术，是不是去中心化取决于使用的主体和怎么去使用，并不是使用了区块链就一定要去中心化的。但关于去中心化的问题我们也思考过，有没有可能 DC/EP 在数字货币的实验中只是一个中间过渡方案，最终会使用一个类似于联盟链的技术架构去嵌套在目前 DC/EP 的双层架构中，从而在真正意义上使用区块链，以此在未来实现对整个数字货币的发行和管理，对此我们就不得而知了。但从一个主权国家来讲，使用类似于公链的方式去发行一种数字货币那是肯定不可能的，所以中心化或者多中心化是必然的一个结果。

5.1.3　关于 DC/EP 未来发展的猜想

关于 DC/EP 的未来是一个几乎每天都有人在讨论的问题。记得当初国家刚发出 DC/EP 消息的时候，有的人觉得区块链的未来来了，有的人觉得数字货币的未来来了，有的人觉得新时代来了。但这个未来到底是什么？

如果从产业角度来讲，DC/EP 的确会带来很多新的商业机会，比如数字货币的第三方支付应用、硬件钱包和线下支付配件等一系列的周边配套软硬件。相信很多企业可以从中脱颖而出，上市甚至成为下一个 BAT。但问题是仅仅如此吗？

如果我们从区块链世界的角度来讲，那么 DC/EP 未来可能打破次元壁，与区块链世界的数字货币、DeFi 等生态进行结合，那么这将是中心化世界和去中心化世界的一种结合，也将是国家政府对区块链和去中心化数字货币的一定程度上的认可。随着国家政府背书的 DC/EP 的合法接入，那么势必会大力发展区块链的去中心化世界，那么在去中心化的世界中将会有更大的想象空间。但问题依然是仅仅如此吗？

以下仅仅是我个人的一些猜想，并没有太多依据，欢迎大家一起讨论和指正。

央行数字人民币从本质上大大降低了铸币税，也使得货币的流通路径更加透明化。但无论使用什么样的技术架构，央行数字人民币本质上而言还是国家货币，目前人民币无法突破的瓶颈，数字人民币还是无法突破。也就是说现有的一些建设可能是无法满足需求的，那么结合 2020 年 4 月份发改委把区块链设立成新基建来看，央行数字人民币和新基建，一条是数字货币的道路，另一条是区块链联盟链的道路，一个是币，另一个是链，两者几乎同时向前迈出第一步。想到这里我就有了一个大胆的想法，也许未来在两条道路都成熟的时候，就可能产生一些新的布局和发展呢？

新基建第一阶段——建立新基建。顾名思义希望国内的各个企业和产业都在底层使用上区块链技术，通过前几章我相信大家已经非常明白使用区块链技术到底会带来什么，区块链技术带来的不仅仅只是数据共享，更是会建立一套不同于现在的生态。不同的合作方、不同的生态、不同的产业都会有属于自己的链。但就如金字塔模型一样，不同的链会根据一定的共识不停地向上整合，最终汇总到政府。

央行数字货币第一阶段——数字货币生态建设和普及。数字货币的普及并不是大家想的在第三方支付应用或者银行 App 中增加 DC/EP 的支付选项那么简单。其需要不停地尝试调整，包括现有的所有软硬件都需要更新去支持。就如同新基建一样，第一阶段的目的都是从 0 ~ 1，从没有到有，并不追求任何远大的目标。

新基建第二阶段——产生新信任生态。在多数企业都拥有区块链这个基础设施之后，接下来就是构建新的合作生态。合作伙伴之间以及供应链上下游都会通过区块链的方式进行数据的调用和共享。其与现在最大的区别在于信任不再来自于中心化系统的权限设置，所有的合作方都有主导权，也都无法独立去破坏生态，做到了真正的可信生态。

央行数字货币第二阶段——先 C 端后 B 端。从一部分银行和商家开始试点，用户会先开始体验央行数字货币，当然由于最终支付端用户对数字货币的感知其实没有那么强烈，可能最直接的感觉就是账户体系的打通。无论用户在什么客户端进行操作，数字货币人民币的账户都是打通的。但对于 B 端，我猜测可能会优先在一些核心功能上进行试点，比如税收。

新基建第三阶段——产生去中心化可信积分。就如前几章说过的，单纯的区块链可做到的太有限，必须需要有通证的介入，可信积分将是未来分布式商业的核心。这种基于新基建的积分将基于联盟链的跨平台可信积分。这也是区块链将从 B 端走向 C 端的第一步。对于用户而言，这个积分不再是某个企业发行的，而是在一条链上，在一个生态上，理想状态下此积分可以让用户在所有的生态里打通并使用。本质上，这也是未来分布式商业的基础。

央行数字货币第三阶段——智能合约。我不知道叫智能合约合不合适，可能不一定叫这个名字，但应该会是类似的功能，也就是将一些行为从人为转换成共识行为。可能有的人会质疑，比如纳税，这是主权化法治规定，就算不用区块链，也是必须要去履行的义务。但一旦在区块链上，在智能合约上，那么整个行为将更自动化，更可信化，也更安全。一切都会通过智能合约进行执行，如果有执行单位在过程中要作恶，也无法通过单个节点实现。

新基建和央行数字货币共同的第四阶段——基于新基建的企业资产初步形成。这会是真正进入分布式商业的一步，但我并不清楚到底是第四阶段先出现还是第五阶段先出现，都有可能。在这一阶段里企业已经有了完善的区块链底层基础建设，然后会在受监管的情况下进行基于区块链的企业资产发行。这个资产并非一定是会马上出现的二级市场，而更多的可能是确权的资产，比如我们在分布式商业中提到的分润权、分红权。这样一来，用户不再仅仅是消费者，也是商业的受益者。基于区块链，用户也不用再担心企业的信用问题，至少不会像中心化那么的令人担忧。

新基建和央行数字货币共同的第五阶段——受监管的数字货币交易所出现。我相信很多人看到这里的时候会想，其实潜移默化的受监管交易所已经很多了，怎么可能到那么后面的阶段才出现，这就是乱说了。但我想表达的意思是并非与现在区块链数字货币生态的资产形成交易对的交易所，而是与真正新基建企业在银监会保监会的管理下所发行的资产形成交易对的交易所，这其实是另外一个篇章了。毕竟如果未来真的出现的话，那么势必一定需要经过很多的讨论和尝试，时间不会太短。但如果一旦出现，那基本上验证了我关于新基建和央行数字人民币所有的假想。

最终阶段——中国"纳斯达克"正式走向世界。其实作为移动支付和人口大国，很多尝试和场景几乎在中国内部就可以得到很全面的验证。如果以上一切都实现的话，那么接下来就可以正式地让其他国家的企业和项目来进行资产的发行以及上二级市场。这不仅是一种吸引大量资金的方式，更是提升中国和人民币地位的手段。

至此，我觉得央行数字人民币才真正打破了现在的人民币没有打破的瓶颈。当然就如我说的，这一切只是基于现在的发展的一种猜想。如果一定要说有什么依据的话，那就是我实在想不出来除了这个可能性以外的可能性了。这的确是将区块链和数字货币发挥出最大金融价值的一种方式。

5.2　详解 DC/EP 的各个属性

谈完"设想"，我们就需要落地说明央行数字人民币的各种基础属性，这也是大众所关心的。由于目前央行数字人民币的披露信息还不是很全面，所以可能会有理解上的错误，还望大家一起来指正。

5.2.1　DC/EP 和区块链技术的关系

从目前公开的信息披露来看，DC/EP 会根据现有货币的运行架构进行适当调整，形成"一币、两库、三中心"的结构。这里提到的"一币"，就是由央行担保并签名发行的代表具体金额的加密数字串；"两库"就是中央银行发行库和商业银行的银行库，此外还加上流通市场上个人或单位用户的数字货币钱包；"三中心"，就是认证中心、登记中心和大数据分析中心。

DC/EP 在进行安全设计时，参考了中国人民银行发布的《金融分布式账本技术安全规范》中的有关要求。分布式账本技术

（Distributed Ledger Technology，DLT），本质上是一种可以在多个站点、不同地理位置或者多个机构组成的网络里实时共享数据的数据库技术。在一个基于 DLT 构建的网络中，所有参与者均可以获得唯一真实账本的一个副本，账本里的任何改动都会在几分钟甚至几秒钟的时间里在所有副本中反映出来。账本的记录根据事先预设的共识机制，由一个、多个或是所有参与者共同进行更新和维护。从这些描述来看，DLT 似乎和区块链技术有异曲同工之处。事实也的确如此，一般而言，二者都指分布在网络上的信息记录，与早期的中心化数据库或数字化记录相比，透明度和公开性更高。

基于这些共性，不少人会把两者混淆，但其实早在区块链技术诞生之前，DLT 就已经存在。区块链技术，作为加密交易所在数据库工作的基础层，存在于 DLT 或分布式分类技术领域。换言之，我们可以把区块链看成是 DLT 的子集。不过 DLT 的特性更多的与联盟链比较相似，两者都可以为不同的用户分配多个角色，例如管理员、操作员等，即有权限的参与者才能访问。就像中国人民银行数字货币研究所负责人所说的那样，DC/EP 在技术选型上采用成熟稳健技术并兼顾创新，综合了传统集中式架构与区块链技术优势，也借鉴了区块链技术的核心内涵与优势，回避了其短板。

5.2.2　DC/EP 的无限法偿性是什么

首先，关于无限法偿性，我们先来看下，网上的定义是：

"无限法偿是指在货币流通条件下，国家对主币在法律上所赋予的无限支付能力。即每次支付的数额不受限制，任何人都不得拒绝接受。金属货币流通时期，由于主币的名义价值与内在价值相符，而辅币的名义价值则大大高于内在价值，故国家规定主币为无限法偿货币，辅币为有限法偿货币。纸币流通时代，主币和辅币均为价值符号，都凭国家赋予的权力流通，故都是无限法偿货币。"

简单来讲，人民币是中国的主权货币，人民币具有无限法偿，意思就是说在中国的国土上只要使用人民币就是必须被接受使用的，而不能被拒绝。那么 DC/EP 也具有同样地属性，这个属性对 DC/EP 而言其实具有比较特殊的意义。

央行数字人民币一开始就拥有无限法偿性，这意味着今天你拿着数字人民币去消费，对方是不能拒绝的。同时也就意味着，商家不能像使用支付宝和微信支付一样去选择自己要用哪个，而是必须执行。这样一说，也许很多人会觉得会对其他第三方移动支付造成很大的冲击，但我觉得可能并非如此。第三方支付其实就变成了数字人民币的一个载体或者说钱包，现在用户怎么使用，将来还是怎么使用，用户对于 DC/EP 的对接应该是无感的。

但总结来讲，无限法偿性的确给 DC/EP 的推广和普及从根源上带来了便利，也从本质上说明了央行数字人民币的地位和重要性。

5.2.3　DC/EP 为何可以无网支付

在央行数字人民币的特性里无网支付最让大众感兴趣，在我很多次的分享中，关于这个功能的提问也是最多的，由于目前技术披露的确不是很全面，所以以下是我的一些猜想和推断。

第一种也是最直接的就是一方在无网的情况下对账单进行记

录，另外一方在联网的情况下进行相关信息的同步，这就和之前支付宝的无网支付逻辑差不多了。关于这个逻辑，我们展开说一下。如果这个人在无网的状态下进行了一笔交易，而这笔交易在之后再也没有同步到网络上，那么其实就等于全网并不知道他做过这笔交易。我们类比下现在的人民币，如果你私密地用掉了十块钱，然后这十块钱之后再也没有流通的情况下，那么其实这笔交易就是存在于双方之间的。但由于现阶段的第三方应用，我们使用的都是中心化的架构，包括数据同步等，会出现数据篡改的风险，或者被单向拦截的风险。

第二种就是我们常说的双方都无网的情况下，分成两种技术架构，一种是单点记账的方式，另一种是分布式记账的方式。如果是单点记账的方式，首先可以使用 NFC 进行近场支付，支付之后如果联网的话，那就同步账本。如果是分布式记账的方式，则可以通过 NFC 的方式对周围所有的钱包进行账本的同步。这种分布式记账的方式能够更好地同时更安全地进行账本的同步，也能够解决交易双方在交易之后都不联网的情况，账本则不会出现缺失。

第三种其实是分布式账本的一种扩展应用，即先形成类似于区块链的分布式网络，然后才能进行局域网内的一个交易。在之前的一个区块链的会议上，曾出现过多台设备在一个无网的环境下，相互建立起来一个分布式账本，可以供玩家进行游戏的游玩，第三种其实也类似于这种方式。这种方式相对第二种来讲是将相互之间建立分布式区块链网络作为前提，然后才是交易和记录账本。但作为交易账本来讲，最终还是需要联网或者通过 NFC 与更多的设备产生联系才能保证账本的一致性，所以这种方案会最大程度地增加账本的同步数量，从而保证账本的完整性。

总体来讲，要实现无网支付本身其实有很多种方案。按照央行数字货币的精神，可能会采取多种技术架构混合的方案。具体我们就只能拭目以待了。

5.2.4 DC/EP 的匿名性

谈到区块链的数字货币，匿名性是大家非常看重的一个特性。央行数字人民币和人民币一样具有匿名性。国家货币的匿名性是纯天然的，纸币仅仅是作为货币而存在，并不归属于任何人。央行数字人民币也同样具有匿名性，但按照目前披露的信息以及个人的想法，我认为可以这样去理解这个"匿名性"。

（1）必要的时候可追溯

央行数字人民币毕竟是国家的主权货币，在涉及犯罪等行为的情况下，这些涉案货币应该可以获取其源头，包括一些隐私信息。

（2）货币匿名，路径透明

货币本身不会和某个人去绑定，但货币的路径在数字化之后可以完整地被记录下来，也就是我们常说的可以溯源。

总结来讲，央行数字人民币的确是匿名性的，只不过在必要的时候是一种可控匿名，同时可以追溯任何一个货币的使用路径，使得货币的使用更容易被监管也更安全。

5.2.5 DC/EP 和微信以及支付宝的关系是什么

除了无网支付以外，央行数字人民币和微信以及支付宝的关系也是大众非常关心的问题，每每说到这个话题，大家都会觉得支付宝和微信要被替代掉了一样。

我们这样理解下，现在大家的钱是在商业银行里存着，而平时我们用支付宝和微信支付的时候往往是直接余额支付或者银行卡扣款，本质上其实就是支付宝和微信在商业银行外层套了一层移动端 App，亦或支付宝或者微信本身就承担了商业银行的角色。简单地分析下，除了央行，事实上任何的商业银行都有可能破产，支付宝和微信就更不用说了，很多龙头破产也不过就是一夜之间的事情。在这样的情况下，在里面的资产是没有一点安全性可言的。同样地，现阶段支付宝和微信支付很多时候还担任了商业银行的角色，大家都把钱直接存到了第三方企业的账户下面，很多人都已经觉得支付宝和微信支付就是银行，而不是一个第三方的企业，这本身其实就是一种有风险的行为。

货币本身有三大功能：支付、定价和投资，目前央行数字人民币是发挥了支付这个功能，其他没有什么改变，也就是说数字人民币并不能同时发挥货币的所有属性。与第三方移动支付相比，一旦央行数字人民币普及之后，主要会有这样几个区别：

- 由于具有法偿性的特点，如果我们刚刚说的风险发生了，那么央行一定是会进行赔付的。而第三方移动支付里面的货币虽然也是人民币，但如果第三方倒闭了，央行是不会进行赔付的。
- 数字人民币支付成本比现在的货币更低，可以进一步增强数字人民币支付的偏理性甚至普惠性。
- 可以实现匿名交易。

另外我们在上文已经提到过的央行数字人民币的双层架构，其本身便已充分考虑了尽量不对商业银行或者金融生态造成冲击，一方面是双层的发行模式，银行、互联网企业等各类公司经过授权之后可以向央行兑换央行数字人民币，然后再向大众发行；另外一方面则是央行不会对央行数字人民币支付利息。这也就说明个人或者企业不可能绕过这些二层机构直接向央行进行兑换，也不会把大量资金从二层机构转移到数字货币钱包，因为并没有利息回报。总而言之，就如周小川提到的，很长一段时间内目前的人民币和央行数字人民币都会是一个共存的状态。

目前来看，央行数字人民币无论在中国还是全球都是走在了前沿，踏踏实实地迈出了第一步。我始终相信 DC/EP 是一个过渡形态，未来无论是央行的数字货币还是区块链的数字货币，都会产生质变，真正地改变现在的金融体系和老百姓的生活习惯。

第 6 章

区块链人才教育和培养

随着区块链技术在越来越多的领域受到重视，如何培养区块链领域的人才也成了迫在眉睫的问题。有人觉得会先出现"杀手级"应用带热市场然后大量人才出现；也有人觉得应该先做好引导，培养更多的人才进入这个行业，才能创造出所谓的"杀手级"应用。本章我们就区块链这个行业的人才展开讨论。

6.1 区块链的特殊性

任何一种技术都有其蛮荒时期，现在只要和朋友谈起区块链的普及很多人都会想到"云服务"，虽然现在大家都在抢着上云，但云服务早期的推广和现在相比真的是天壤之别。例如阿里云早期的推广真的遇到了前所未有的困难，大部分的客户都会以"不了解""云服务不如自己私有化服务安全"等话语来拒绝。区块链因为虚拟货币的关系，相较云服务，其普及的难度有过之而无不及，再加上"去中心化"的思想，令其了解和学习起来也有着比较高的门槛。

6.1.1 技术和思想

区块链是一项新的技术，很多人学习区块链的时候其实面临着巨大的困难。区块链在技术上运作的逻辑与传统的中心化技术有着很大的区别，区块链本身是一种链式结构，只不过在数据存储的时候生成区块，然后记录数据到区块里，然后再做全网的广播。由于有去中心化的特性，就需要尽量多的节点加入进来，再加上激励机制，理解起来可能就有点晦涩。另外一方面，由于很多人对"去中心化"理念有偏见，潜意识中会对自己说"这不是一个好东西"，这也是学习过程中很大的绊脚石。

拿比特币为例子，比特币的程序是一个软件，对于每个单独的个体，软件的运行都是中心化的，但为什么整个比特币的网络是去中心化的呢？主要是其挖矿和激励机制决定的。比特币中的挖矿指的就是通过算力去计算链上固定的一个公式，谁的算力高就能够更高概率地算出这个谜题。这就好像是在解一个高级的魔方，谁能更快地尝试不同的可能性，谁就能更快地找到答案。有的人虽然算力低，但运气好可能第二次尝试就解开了，有的人算力高，但运气不好可能要算好久才能算出来，这就是挖矿的过程。找到答案的人不但拥有了记账权同时也有了比特币的奖励，然后将上一个区块到这个区块之间的交易记录写在区块上并广播给全网。这就好像是一个贪吃蛇的游戏，大家都在争夺下一个增加蛇身长的机会。只不过为了保证公平公正性，一旦蛇身出现了变化，那么每个人都需要同步这个变化。所以所谓的去中心化并不是说软件程序本身能够做到去中心化，而是其共识和机制形成了一个相对去中心化的生态。我们平常都会说比特币的51%算力攻击，虽然理论上的确不太可能出现，但在理论上成立的逻辑再小的概率都是可能出现的，这是一种严谨的态度，但并不代表其就有漏洞或者不足。这就好像我们说一个人创业理论上总是九死一生，成功概率很小，但总不能因为成功概率很小我们就得出不应该创业这个结论。

还有一开始就劝退了很多人的技术点也在比特币上，那就是比特币的账本系统 UTXO（Unspent Transaction Output）。UTXO 真的是一个非常好的设计，在这个设计中不存在账户的概念，只有账本的状态变化，就如 UTXO 的名字一样。传统概念的转账是这样子的，今天 A 要转 10 块钱给 B，那么 A 的账户就减少 10 块钱，B 的账户就增加了 10 块钱，其实是点对点的账户变化。而 UTXO 可以理解为没有账户的概念，而是所有的交易都被放在池子里，每一笔交易只有状态被改变了，完成或者没有完成。举个例子，同样地 A 有 10 块钱，要转 8 块钱给 B，此时相当于有一笔给 A 转 2 块钱的记录和一笔给 B 转 8 块钱的记录，而不是直接从 A 的账户里面转出 8 块钱给到 B。此时对于 A 而言，之前 10 块钱的这个记录的状态就被标记成完成了。

要很好地理解区块链需要同时对区块链的技术和思想有所了解。了解区块链技术之后才会明白，区块链为什么能够做到技术层面的去中心化，区块链的共识是什么，区块链的区块和挖矿有什么关系，等等。区块链的技术能很好地保障一个产品的初衷、设计、经济模型等健康发展，而了解区块链的思想才能真正地让一个产品落地。很多项目在落地的时候会涉及项目治理，哪些业务可以做成去中心化，哪些业务还是用传统的中心化互联网模式去做，企业合作客户应该怎么激励，用户又应该怎么激励，等等，这些都需要在深入理解区块链思想的前提下去设计。

如果我们要想很好地学习区块链，技术和思想必须双管齐下，缺一不可。

6.1.2 区块链全景

区块链复杂还有一个主要原因,那就是区块链技术、公链、去中心化应用、挖矿等都属于区块链生态的一部分。而每个领域都需要不同的知识背景,这对想要学习区块链的人造成了很大的困扰,令他们想学但不知道从何学起。

我们简单地说下这几个领域。区块链技术领域还是相对简单的,主要还是以技术背景为主。目前技术方面比较欠缺的人才主要集中在底层链的开发和架构以及智能合约的开发上。尤其是十四五规划中提到的智能合约,好的智能合约开发工程师真的是这个行业非常稀缺的人才。几乎每隔一段时间我们就能在网上看到一些新的项目由于被黑客攻击导致资金损失和项目关闭。当我们仔细查看漏洞的时候,发现多数都是一些非常简单或者低级的错误造成了智能合约的漏洞。从区块链技术企业角度来讲,也非常需要对接企业端和政府端客户的市场和销售。这类岗位的难点在于很多人都有非常丰富的市场和销售经验,但对区块链一无所知。

公链可以说是最复杂的一个领域,也是最需要多元化人才的一个地方。公链首先需要过硬的区块链和智能合约的开发,其次是需要整个去中心化的激励设计和通证设计,这其中包括了生态数字通证的创建、销毁规则,用户和节点怎么参与进来,用什么共识,等等。其次公链的生态怎么构建,怎么激励更多的应用在这条公链上开发都是必须解决的问题。从人才角度而言,公链作为一个标准的去中心化的生态肯定是一个全球化的定位,除了技术以外,还需要更多的具有海外背景和第二语言读写的人才。当然,部分公链的挖矿还必须需要实体的矿机,又会和挖矿行业交集比较大，那么与挖矿相关的人才也是必不可缺的。

去中心化应用是个非常大的领域，包括我们之前提到的去中心化应用（DApp）、去中心化贷款、去中心化保险、去中心化稳定币、去中心化交易所，等等。这些产品核心需要掌握的技能就是智能合约的开发以及其 DAO（自治化社区）的规则，就如我们之前提到的 MakerDAO 生态一样，要创造一个既有自治性，同时又能长期运作下去的生态规则是非常不容易的。

挖矿领域是一个对于软件和硬件要求都很高的地方，很多人投入到这个领域中，一方面是如何以更低的价格采购大批量的显卡和存储硬盘，另一方面矿场最大的难点在于布线、现场管理、搭建等硬件方面的问题。不同的数字货币其加密芯片也都不同，模式也都不同，如何投入产出比更高效地做一个矿工是一门学问。

很多人觉得区块链只和金融是最贴近的，或者区块链只有数字货币，其实不然，区块链作为新基建，在未来会深入各行各业。当下农业、公益、艺术品、电子发票、政务等各方面都已经使用区块链技术进行了系统改造，相信每一个人都能够在区块链生态中找到属于自己的价值。

6.2 区块链人才教育

区块链行业现在迫在眉睫的就是区块链人才的教育。很多人对区块链的了解只是停留在炒作数字货币，听到过智能合约、币、链等这些名词的层面上。大家都希望在一个新的行业找到一个属于自己的有竞争力的位置，但前提是需要对这个行业全貌以及其技术和业务等有一个全面的了解，这样才能够做出一个正确的选择。在这方面国家对人才的教育也有了一些明确的落地方案。

6.2.1 工信部区块链人才教育

2020 年 3 月 9 日，工信部人才交流中心官方网站上发布了关于区块链人才教育的岗位能力要求。

区块链产业人才岗位能力要求立足区块链领域的实际岗位需求，提出了区块链核心研发岗位、实用技术岗位和行业应用岗位 3 类人才，21 个具体岗位的能力要求。本标准适用于指导企业遴选区块链相关岗位人才以及为普通高等院校提供人才培养、课程设置等方面的参考。

本标准主要涉及的区块链岗位人才的分布及分类如下：

行业应用层		实用技术层		区块链核心	
金融行业	供应链金融	智能合约	区块链安全	区块链架构	密码算法
司法行业	政务	区块链测试	区块链运维	隐私保护	共识机制
版权	物联网	区块链应用架构	区块链应用开发	分布式网络	虚拟机
				区块链算法	

从图上我们可以看到人才岗位要求主要从三个方向切入开展教育工作：

- 行业应用层。主要指的是区块链+各种行业的岗位能力。图中我们看到有金融、供应链金融、司法等各个领域，在未来应该还会扩展更多的岗位。
- 实用技术层。主要指的是技术应用层面的岗位。例如智能合约、区块链安全、测试、开发等。
- 区块链核心。主要指的是区块链架构层、底层的一些技术，密码算法，共识机制等，是保障区块链稳定承接业务的核心。

工信部人才交流中心的区块链人才培养信息涵盖了几乎所有区块链切入点的细分岗位，每个岗位的证书分成初中高三个等级，其中等级越高，考核的理论占比越低，实操占比越高。

6.2.2 人社部区块链新岗位

人社部在 2020 年就公布了九大新的岗位，其中区块链领域有两个：分别是区块链工程师和区块链应用操作员。目前由于国家标准还没有公开发布，所以还没有太多的相关信息。但从人社部以往发布的岗位情况来分析，可以很容易看出两个岗位一个是面对核心技术人员，另一个是面对操作层面的技工人员。同时，这两个岗位基本上都是从区块链操作、运维、测试、人员培训指导等方面进行人才教育培训的。更多信息大家等国标发布之后便可以有详细了解。

6.2.3 教育部区块链 1+X 教育

2020 年教育部发布了"参与 1+X 证书制度试点的第四批职业教育培训评价组织及职业技能等级证书名单"，其中区块链有这样几个方向。

- 区块链智能合约开发；
- 区块链系统应用与设计；
- 区块链系统集成与应用；
- 区块链应用软件开发与运维；
- 区块链操作技术；

■ 区块链数据治理与维护。

我们能够看到目前区块链方向还是比较少的，据说第五批 1+X 里还会有比较多的区块链方向。同时 2021 年公布了 2020 年普通高等学校本科新增 14 个区块链专业。这也说明区块链技术正在从以前务虚的技术转变成一个正规的学科，整个行业都需要更多的专业人才。

2020年度普通高等学校本科专业备案和审批结果

一、新增备案本科专业名单

序号	主管部门、学校名称	专业名称	专业代码	学位授予门类	修业年限	备注
		教育部				
1	北京大学	意大利语	050238	文学	四年	
198	大连民族大学	区块链工程	080917T	工学	四年	
342	河北金融学院	区块链工程	080917T	工学	四年	
349	河北工程技术学院	区块链工程	080917T	工学	四年	
360	河北外国语学院	区块链工程	080917T	工学	四年	
427	山西能源学院	区块链工程	080917T	工学	四年	
829	浙江万里学院	区块链工程	080917T	工学	四年	
873	安徽理工大学	区块链工程	080917T	工学	四年	
878	安徽工程大学	区块链工程	080917T	工学	四年	
981	福州工商学院	区块链工程	080917T	工学	四年	
1039	江西科技学院	区块链工程	080917T	工学	四年	
1058	江西工程学院	区块链工程	080917T	工学	四年	
1064	江西应用科技学院	区块链工程	080917T	工学	四年	
1093	齐鲁工业大学	区块链工程	080917T	工学	四年	
1696	重庆城市科技学院	区块链工程	080917T	工学	四年	

6.2.4 人才先行还是产业先行

这是每次作者和别人讨论的时候必然会出现的问题，到底是产业带动人才发展还是人才带动产业发展。阐述一下自己的观点，作者比较支持后者。主要原因是，作者认为产业发展要去带动人才有两个问题：

■ 区块链技术的落地有其特殊性，一方面是其分布式去中心化的架构，另一方面是区块链所运行的业务和互联网中心化的业务如何结合。这其中区块链的产品、激励模式、通证经济、合作模式、共识机制等一系列都需要很精心的设计和时间的沉淀。我认为产业肯定是可以带动人才发展的，但这可能会是一个相对漫长的时间。在这段时间里市场和生态可能已经培养出了大批量的区块链人才。

■ 现在的区块链行业很像早期Android、iOS移动互联网在国内的状态。但移动互联网和区块链有个很大的区别，就是移动互联网很贴近用户，大众看得见摸得着，自然就会有非常多的开发者和人才涌入创新，但区块链现在更多的应用是在中后端的，用户比较难有直接的感知。近两年，我相信大家对于区块链的认知还是仅仅处于一个很表面的阶段，自然也就不会有那么多的人参与进去，更多的是观望的态度。

所以结合现在的客观情况来看，作者认为区块链领域一定是人才先行的，或者我们称之为全民科普先行。先要让大家对区块链、通证、联盟链、公链、挖矿等各种概念都有了清晰的认知之后，才能吸引更多的人去创新，才有可能出现一些 to B（企业）或者 to C（大众）的杀手级应用。

6.3 区块链人才

6.3.1 区块链人才"定义"

我们一直都在说区块链人才的培养，那么到底怎么定义这个

"人才"呢？作者认为从大方向上来讲有以下几个方向：

- 行业紧缺的人。
- 垂直领域非常专业的人。
- 对区块链有独特认识的人。

这其中作者认为一类是技术人员，包括区块链的底层架构开发者以及智能合约的开发人员。这两者一类是对区块链的性能以及扩展性有非常重要的作用，另外一类是对于智能合约的发展以及安全性起着决定性的作用。目前无论是性能的突破还是跨链的研究，公链生态比较领先，相信未来非常多的技术人才会从公链生态中诞生出来。

另外一类则是区块链业务层面的人才，可以理解为传统意义上的产品经理、市场、运营、销售，以及区块链领域中的通证经济设计开发者、区块链激励模式设计开发者、共识机制设计开发者等。这些在公链或者联盟链上的应用都有非常大的需求，但这类人才往往需要具备其他各个领域的专业知识，结合自己对区块链的了解之后可以设计产品，大大地帮助区块链在不同产业上的落地和发展。

最后一类也是我认为非常重要的一类人才，也即自己对区块链有独特的认知同时具有创新以及展望未来能力的人，他们会对未来的发展起决定性的作用。就好像以太坊、稳定币MakerDAO、DeFi、加密猫等各种产品的出现一样，都对未来产生非常大的影响。他们不仅对区块链有着非常深入的了解，更有独特的见解，敢于创新，因而给区块链带来了无限的可能性。

6.3.2　企业、社会和高校的需求

就区块链当下的发展来讲，企业、社会、高校已经出现了非常明确的需求，需要更多的专业人才参与到区块链行业中来。

企业：企业需要的是资深的技术人员以及第二语言读写熟练同时又了解区块链的市场和销售人员。一方面是为了提升区块链在产品应用上的性能和安全上的保障，另一方面则是要更快地打开全球市场。区块链的产品从其起源就是个分布式的模式，所以跨国合作也就成为第一优先级。

社会：从社会角度看，需要的是更多的 DAO 组织以及布道者。和现在单纯的挖矿以及一些空气项目不同，这些 DAO 组织和布道者更应该基于一些实际存在的应用来发展。这些人不仅能够让更多的人了解区块链到底能做什么，同时平时的沙龙、大会等也会给这个行业带来更多的活力。

高校：高校现在最紧缺的是教师，区块链现在在很多方面还没有统一标准，很多教师也无从下手。但对于高校来讲，现阶段急需的是要懂区块链，能自己产出课程和教材的教师，至少从现在开始要着手去编写教材和整理相关教学案例了。

6.3.3　应该怎么学习区块链

"应该怎么学习区块链"是所有初入区块链行业人士都会关心的问题。就如一开始说的，区块链的学习应该是从技术和思想双管齐下的。作者认为必须要看的是比特币和以太坊的白皮书和黄皮书，白皮书是项目思想的阐述，黄皮书则是技术细节的阐述。

关于这两个内容的学习，我们主要要理清楚的逻辑是：

- 理清楚去中心化的思想。
- 从技术层面去理解出块、链式结构、区块头区块体的数据结构，了解几种不同的共识机制，PoW、DPoS（Delegated Proof of Stake，代理权益证明）、PoS、PBFT（Practical Byzantine Fault Tolerance，实用拜占庭容错协议）等。
- 理清楚区块链和挖矿的关系，为什么需要挖矿，挖矿的本质是什么。
- 了解公链生态上一些知名的应用和事件。
- 了解DeFi、NFT等产品的内在逻辑，包括其中的预言机等技术。
- 了解一些常见的商业联盟链的框架，如FISCO、Fabric、蚂蚁开放联盟链、超级链等。
- 了解行业知名的黑客攻击事件，了解其漏洞的核心问题。
- 了解目前常见的区块链在产业落地的案例，真正地了解区块链能解决的问题。

我觉得大家在学习区块链的时候并不需要把所有项目的白皮书或者介绍都看一遍，大多数项目其实都大同小异，其本身并没有在区块链或者共识上有非常大的创新。所以学习的时候需要抓住重点，抛开表面看本质，当你了解了本质之后就会对自己未来如何进一步学习区块链有着非常清晰的规划。在这里教大家一个考核自己是否真地学习了解到区块链本质的方法，那就是在挖矿、公链、联盟链、DeFi等各种应用场景的基础上问自己"为什么这个场景一定要用区块链解决？为什么用互联网技术解决不了"，如果你对答案非常清晰，那么你真正了解了区块链的本质。

6.3.4 应该从事什么样的区块链岗位

继如何学习区块链之后最受关注的问题就是"应该从事什么样的区块链岗位"。在这个行业中找到自己的位置的确是不容易的，深入行业之后你就会发现这就是个小世界，各色各样的人比其他行业还要复杂、特点鲜明。区块链行业其实还有很多没有出现或者确定的岗位，我觉得从事何种岗位需要结合自己以前的经验、兴趣以及性格来做判断。不过可能在刚开始的时候并不是那么容易看清楚的，很多人在毕业之后也并不知道自己到底要从事什么工作，不知道未来会怎么发展。在区块链行业更是如此，外界看到的是光鲜亮丽，到底怎么样需要自己"下水"才能看明白。建议大家不要在一开始就去束缚自己，无论是公链还是联盟链，无论交易所还是钱包，可以选择一个领域先做起来，边做边学，去多学习多交流，形成一些自己的观点，然后慢慢地去调整自己的职业规划。

综合现阶段的全球经济发展形势，各个行业的竞争越来越激烈，同时各个岗位的需求也趋于饱和。从未来来看区块链的就业需求会非常庞大，会给大家带来一波就业的红利期，那越早进入这个行业，越是了解区块链，肯定就越有优势。大家一起来推动区块链行业的发展吧。

第 7 章

区块链赋能产业

区块链与项目的结合应该是所有人都关心的内容，本章我们所提到的都是已经在企业内部试运行或者部分落地的解决方案，希望达到抛砖引玉的效果。通过案例大家也可以真正明白为什么使用互联网技术不能解决的问题用区块链可以解决。

7.1 区块链建立可信的产业生态

首先我们要说的是建立一个可信的产业生态，这是一个很大的主题。简单来讲，现阶段的生态都是金字塔型的，无论企业之间是战略合作，还是入股合作，从生态来讲都是分级的。也就是说，现在所谓的生态往往都是一个龙头企业和合作伙伴创建了一系列属于自己的业务生态。从宏观角度来讲，这种生态其实是属于其龙头企业的，这个企业在生态内有绝对的话语权，无限接近于垄断。但这种生态本身并不是健康的，任何一个生态如果仅仅依靠一个寡头，那么很容易崩溃或者出现一些不可预见的问题。同时这类生态依赖的是单一的主体信任，比如我们相信 BAT 所创造的生态，但前提是这些企业是可信的，如果某一天他们作恶了，那么我们应该怎么办？生态应该怎么办？事实上没有什么办法，只能事后进行维权和补救。

那么通过区块链我们要创造一种全新的生态去优化上文提到的问题，这种生态并非靠一个或者两个龙头企业，也不是靠企业主体背书让大家相互信任合作，而是通过区块链本身的节点和共识建立的一种公开、公平，同时抗风险性极高的生态。在新生态中大家也会有分层，是业务方面的分层，而不是权利上的分层。支撑一个生态的是一条生态链，谁都可以是这个生态上的节点，谁也都可以得到这个生态上的话语权或者奖励，这将通过公开透明的共识机制进行运作。在区块链的生态里，我们不再是通过合同和人与人的关系将大家联系在一起，而是通过链上的节点和共识以及智能合约联系在一起，大家通过链更紧密地在一起合作。这就好像是一种默认的信任机制让大家联合起来一起创业，真正的做到了扁平化和公平。同时这种生态抗风险性极高，它不会因为任何一家企业出现了不可预期的风险而崩溃，只要共识和激励机制是健康的，那么它将会无限接近于长久。马云曾经说要做101年的企业，从中心化的企业角度来讲这是非常困难的，但对于区块链而言，101年可能只是一个开始。

现阶段其实正是为未来的新生态打基础的好时机，很多企业其实没有意识到为什么要做区块链，更多的是绩效导向。但如果仔细思考下，现阶段做的也许是一条链，但目光放长远，我们做的不仅仅是一条链，而是一条垂直在某个生态的生态链，最终这条链本身可以成为一个很大的生态，甚至是颠覆现在中心化生态的存在，这岂不是一种很大的机会吗？至此，很多人肯定会有疑问，既然链的生态是公平公正的，那么为什么谁来创造或者优先做会有优势呢？那岂不是还是存在一定的不公平性。事实上，区块链本身的生态的确是相对公平的，但在其生态形成的过程中会有非常多的商机红利，谁先创造谁先参与，便能够对这条链本身有更多的话语权。从本质上来讲，谁付出多，谁参与早，谁的话语权就更大。这也是非常客观公正的一种规则，只不过区块链将规则透明化了，谁都不能随意更改规则，需要共识去修改规则，这就非常合情合理了。我们曾经展望过未来的公链和联盟链生态，现在看来未来最有可能的就是各个垂直领域出现特性不同的链，同时通过跨链的方式让各家的业务能够联通，从而形成更大的生态。在这其中会形成全新的商业模式，然而这一切现在才刚刚开始。

7.2　区块链产业目前面临的问题

从目前来看区块链已经全面进入了大众的视野，但大家其实都很迷茫，不太清楚区块链的真正落地场景和落地应用在哪里。从严格意义上来讲，我认为目前还没有成熟的区块链应用场景。从事实角度来讲，区块链的落地过程中也的确会遇到非常多的困难。

第一点就是认知问题，也就是我一直在强调的教育问题。目前从上往下各行各业各个层级的人对区块链的认知都是缺乏的，就算圈内人对区块链的了解可能也是冰山一角。无论是企业、高校还是社会商业合作，大家的合作都是基于双方认知在同一个水平线上、认为做某一件事情有价值的前提下，但如果大家对某个东西还不够了解，就更不要谈去理解其商业价值和未来的价值了。这也就是为什么现在真的在做区块链产业落地的企业常会遇到以下两个瓶颈：

　　■　项目立项之后就无法推进。

■ 项目推进了也无法形成真正的价值，解决不了本质问题。

这些问题的主要根源在于大家对于区块链的认知不足，现阶段大家都知道与区块链结合是大方向，但具体怎么结合怎么做，价值是什么，对这些就不知道了。所以我一直认为区块链落地的第一步是人才教育，这非常重要。

第二点是区块链发展太快，变化太快。说到区块链，会让人一下子联想到非常多的名词，如公链、联盟链、挖矿、共识、密码学、链改、节点、去中心化、DeFi、NFT，等等。区块链领域每隔一段时间就会有全新的模式和全新的概念出现，如果从企业端出发的话，根本就没有办法跟上那么快的变化节奏。在技术框架选型上也让人眼花缭乱，如蚂蚁开放联盟链、Fabric、二次开发的以太坊、百度超级链、Fisco Bcos，等等。一方面企业不知道该选什么链，另一方面也不知道这些链之间到底有什么区别。商业落地讲究的是稳定和迭代升级，区块链的快速变化是很多企业家现在还未落地区块链的一个重要原因。

第三点是区块链作为单个技术是无法解决所有问题的。区块链是未来数字经济和科技金融中重要的一块拼图，缺少这块拼图，很多商业逻辑是走不通的。反之也是一样，单纯靠区块链一个技术是无法解决所有问题的。很多项目方没有意识到这个问题，花了很多时间和精力在做业务模型的设计和整理，最后发现还是有很多问题解决不了，因此很多项目可能就不了了之了。但携手才有未来，区块链未来的发展离不开其他领域专家的共同协作。

第四点是被很多人忽略，但也是很重要的一点，区块链的很多项目如果要真正达到我们说的可信的目的，那就需要解决很多历史遗留问题。举个例子，国内现在很看重做区块链医疗，这的确很重要，我们需要一条链让各大医院的病历数据能够统一，而不是让患者不停地去重复做检查，甚至会出现病历记录错误数据的情况。同样地，很多医疗机械用品和药品也都有溯源的需求。但如果要真正做到可信，并不是仅仅将我们说的这些数据上链，大家达成一定的共识就可以，还需要从源头去解决数据真实性的问题。例如需要从患者预约到挂号，然后从医生诊断信息到药品领取信息等整个流程上的每个环节都上链才能真正做到可信，但这就不是仅仅使用区块链技术所能解决的问题了。

当然还有很多其他原因，就不一一罗列了。简单来讲，区块链的落地的确是一条漫长的艰辛之路，并不是我们想象中简单的一项技术落地。

7.3　房屋租赁 + 区块链

民宿是现在非常火的一个商业模式，但民宿业务中其实有比较多的细节问题，主要集中在这样几个方面：

- 租客身份和房东身份的真实性验证。
- 民宿往往现在用的都是密码锁，密码锁是否真的安全，会不会出现一个密码多个人持有的情况，国内也曾多次出现过陌生租客误闯房间的情况，其本质就是密码的管理存在一定的问题。
- 民宿一般都会有租客评价，评价容易出现刷好评或者恶意刷差评，同时产生纠纷的时候容易出现取证比较困难的情况。

综合这些情况，我们就有了必须要使用区块链的场景，结合区块链可以适当地解决提到的这些问题：

- 基于区块链可以做一套可信的统一数字身份，那么租客和房东都是统一使用链上验证过的身份进行平台的使用和交易。对双方不仅可信也方便。
- 密码锁可以使用区块链上的唯一通证一一对应来解锁，基于区块链上的唯一通证的协议可以保证密码的唯一性。
- 评价的内容我们也可以让其上链。虽然前端可能可以将平台的内容删除或者伪造内容，但链上的数据会真实存在，如果出现矛盾，那么链上数据也更容易追溯和取证。

在这个场景中，区块链解决的最核心的痛点是让交易双方相互可信，同时在密码锁上通过区块链技术从底层根源解决了可能重复出现的问题。

7.4 电子票 + 区块链

目前 ChainJoy 等各个使用区块链电子票的厂商越来越多，互联网电子票也很多，但无法解决双方信任的问题。区块链上的电子票在有不错的共识的情况下能解决现在互联网电子票的很多痛点：

- 电子票的生成不透明。区块链的电子票会和通证一个一个挂钩，在生成通证的智能合约上我们能够很清楚地看到生成总数以及电子票的各种特征属性。
- 电子票被黄牛垄断。电子票可以在生成的时候就设置成只能核销不能交易的属性，那么结合KYC（Know Your Customer），黄牛垄断这些票就没有意义了，只会砸在自己手上。

- 更难造假。互联网的电子票本质上就是一个数据，用户往往很难验证其真实性。而链上的电子票就算被造假了，其背后在链上的属性是无法造假的，这样会让造假的成本变得很高，甚至无法造假。

区块链的电子票特性非常容易理解，但其实并不仅限于此，更多的是能营造一个更大的生态。在这个生态里，我们有激励的通证、金融属性的通证、行为挖矿通证，等等，围绕这些通证可以设计出更多的商业模式，突破现在互联网产品中无法突破的瓶颈。

7.5 长租房 + 区块链

长租房模式大家其实都熟悉，中国长租房的场景中最常见的矛盾主要集中在多个房东的利益分配以及款项拖欠。就如之前提到的，合同的约束都是后置的，在实际过程中可能都是先讲人情，然后根据合同约定进行调解，最终无法调解则激化矛盾。这类场景特别适合结合区块链进行落地。

假设我们现在有一条属性和特点比较适合落地长租房场景的区块链，此时链上应该有这样几类角色：

- 互联网法院；
- 长租房产权归属方；

- 长租房房东；
- 长租房租客；
- 其他一些相关机构。

由于此类场景的落地基本上都是联盟链，所以我们的智能合约可以指定对应的收款人是谁。这些人和结构上了联盟链之后，房租和智能合约对于大家都是透明的，那么接下来我们来看智能合约中会约定什么：

- 房东角色分别是谁；
- 租客角色分别是谁；
- 付租金的模式是什么模式；
- 付租金的时间是什么时候。

正因为智能合约是在链上，而链是属于这些相关人和机构的，所以只要大家约定好了，智能合约就可以上链进行执行。智能合约的执行不会受制于任何个体，绝对安全可信，这样大家事先的约定也会按时地进行结算，也就避免了所有的矛盾。可能有的读者已经想到了，这个流程中有一个疑问点，即如果租客的钱包里余额不够了怎么办，这时可能会有两种解决方案：

- 可以在约定的时候进行预付款，避免租客在约定之后使用这笔约定的款项。
- 根据DC/EP的特性，用户应该拥有统一账户，那么智能合约可以进行全局的统一账户扣款。

第一种方式类似于将这部分资产冻结，到约定的时间智能合约会进行相对应的转账。第二种方式更为灵活，但未来是否能够这样实现还未知，也还会存在其转账到海外账户等其他问题。但总体而言，区块链的方案可以解决之前无法解决的核心矛盾。

按照上文提到的方案，每次租客换了或者房东换了都要换智能合约，相信大家也会觉得这样的模式很烦琐。但其实并不烦琐，毕竟在现在的互联网生态中，租客和房东换了后还是要重新签署可能不止一份合同，只不过大家对于现有的模式已经习惯了，所以就被动地接受了。但这个问题在区块链的解决方案里是否还有优化的空间呢？的确是存在的，我们可以做如下一些修改：

可以在这个垂直业务里发行通证，拿到这个通证的人代表房东，拿到多少通证代表拥有收到多少房租的权利，可以是 1∶1 的关系，也可以按一定的比例发放。

这样修改不仅能大大简化流程，还增加了一种全新的业务模式：

- 智能合约只需要知道在约定时间给持有这个通证的钱包地址打钱，打多少钱取决于钱包里有多少通证。
- 如果房东要转移相关权利，那么可以直接做通证的交易，就可以简单地完成这个步骤。这既大大优化了现阶段复杂的合同流程，还会衍生出其他更多的商业模式。

在长租房中其实还有很多场景可以和区块链、通证、物联网结合，包括智能硬件，使用唯一通证来作为钥匙解锁租房等，这些都是非常重要的场景，这里就不一一赘述了。

7.6 预付款 + 区块链

预付款现在很多人已经不陌生了，最常见的是美容和培训教育现在基本上都是预付款模式。用户先预支一笔费用在商家那边办一张消费卡，一次性预支费用越高可以得到的优惠就越多。这种模式本身其实会有双赢的结果，但现阶段新闻频频爆出来某企业跑路或者倒闭等消息，而这种情况下用户往往是拿不回自己的预付款的。现阶段其实也有一些好的解决方案，比如预付款不要交给商家，而是交给类似于淘宝的第三方担保平台。但从本质上来讲这个方案是治标不治本，因为用户对第三方担保平台也不是完全信任的，同时第三方平台也未必就一定不会倒闭或不跑路。所以预付款的场景真的是天然贴合区块链的场景，其区块链真的是当下解决其痛点最好的方式。

同样地，我们需要在这个领域先有一条链，并需要至少有以下几类角色在链上成为节点：

- 商家；
- 政府管理或者监管单位；
- 用户；
- 其他相关企业。

这其中作者认为一个非常关键的点就在于消费者必须是链上的节点，我们可以设置分层的节点或者不同权限的节点，但消费者必须参与进去，否则消费者的信任就是空谈。有了链之后用户的付款就不是直接付给商家，而是付给链上的智能合约。智能合约再通过每次的消费行为进行对应的扣款。无论商家未来怎么发展，消费者的钱都是存在智能合约中，由于智能合约自身也是去中心化的，不用担心智能合约会跑路，消费者可以对链有绝对的信任，也可以放心自己的预付款不会被拿来做别的事情。

7.7 多平台积分一体化

目前区块链在商业上相对容易落地的还有一个场景就是多平台积分一体化或者叫跨平台积分系统。这类系统目前是先从超市、停车场、智慧城市等切入点入手的。跨平台积分其实是既方便商家也方便用户的一种设计。比如今天我们去万达商城吃饭购物，我们可能先买奶茶，再吃饭，再买咖啡，再买衣服，我们每一次消费都可能产生品牌对应的积分，如肯德基或者星巴克，但同时万达商城自己肯定还有公众号和积分系统。这个时候用户其实很麻烦，消费不同的东西还需要打开不同的小程序应用去查看积分，万达商城也很麻烦，在大量不同商店的积分之上还要强加于用户万达商城自己的积分，虽然可以理解，但给用户带来更大的困扰。如果通过现在中心化互联网的方式去打通这个积分并不是不可能，但是会有很多的麻烦和复杂的过程。打通积分这件事情本质上我们要做到这样几点：

- 用户无论在什么商店消费都能做到使用和得到的是统一积分；
- 不同积分与万达的积分背后一定会有自己的兑换比例；
- 不同积分相互之间也有一定的兑换比例；
- 通过广告引流之后，不同商家之间、与万达商城之间需要一个明确的分润比例。

其中最困难的地方就在于统一积分之后，万达商城与不同商家之间的信任问题，不同商家之间相互信任的问题，最后就是引流分润问题。这类问题在没有发生相关矛盾之前往往都不是问题，但一旦有矛盾，那么在目前的中心化系统的情况下，大家都很难取证和说服对方。那么区块链来做的跨平台统一通证就能够很好地解决这个问题：

- 商超（商品超级市场，集合了多种多样的商品、品种齐全货源多的大市场。）自己需要有一条链，可能是某个品牌自己的生态链，也有可能是通用的商超生态链；
- 商超和商家都需要成为链上的节点；
- 可以统一使用通证形成全新的生态，也可以在链上1∶1映射原本的积分；
- 大家定义好商家之间、商家与商超之间的通证兑换比例；
- 大家定义好广告引流之后的分润比例；
- 最终将规则写入智能合约。

在这样的模型下，首先所有的通证兑换都会在链上形成可追溯的记录；其次，不同通证之间怎么兑换以及广告引流之后如何分润等信息，通过智能合约的规则执行则更可信。由于每个商家都是链上的节点，那么如果要修改规则或者恶意篡改数据，成本会比原本中心化的系统更高，不仅要带上权重最大的商超主体，还需要其他商家来一起作恶，几乎就是不可能的。在这个模型里，商超主体和商家还能设计出用户围绕通证更多的商业模式，比如消费挖矿，连续消费减免，通证抵现金以及通证分红，等等。这些不仅能够促进用户第一步消费，而且用户也能获得更多的优惠。

7.8 数据共享 + 区块链

区块链在商业落地中的第一环节可以说就是数据共享。数据共享有两个方面：一种是使用区块链来共享新数据，另一种是对旧数据进行清洗落链之后成为未来使用的统一数据。如果是新数据我们完全可以将数据上链，随后通过合约的方式进行数据的一些去中心化的归档和整理。但如果是旧数据的话其实也就是链下数据，那么通俗来讲有以下两种方式：

- 先将数据全部上链，上链之后可以通过智能合约来获取数据进而进行对应的整理和清洗。这样的优势在于数据的整理是去中心化的，大家都可信。但问题在于如果数据量非常大，可能就会导致性能很慢。
- 可以通过预言机将数据给到智能合约，然后做对应的整理，这样数据就不用先上链。但这样造成的问题就是预言机处理链下数据的时候很可能是中心化的，那就容易导致数据在上链之后出现被篡改的风险。

链上进行数据共享，核心要解决的痛点在于：

- 链上所有节点能够第一时间同步地看到更新的数据，从而能够大大增加整体业务的效率。
- 如果出现问题大家也不容易踢皮球，所有的行为都有链上记录。

区块链共享数据是商业上最基本也最容易落地的场景，这将是区块链作为新基建的第一步。

7.9 游戏 + 区块链

游戏和区块链是一个可以天然结合的场景，游戏几乎就是一个完整的虚拟世界，在这个世界里有真实世界中所有的东西。但由于是在虚拟世界，那么一切的发展和变化则变得更容易和方便，完全可以用区块链再建立一个全新的虚拟游戏世界，有兴趣的朋友可以了解一下最近很火的 Metaverse，Metaverse 中义译为元宇宙或者元界，是 1992 年科幻作家 Neal Stephenson 在其著作 *Snow Crash* 中首次提出的。

游戏和区块链的结合会是三个方面。

第一个方面作者非常认可《头号玩家》的绿洲和《刀剑神域》中 Seed（Seed 在刀剑神域中是每一个游戏的原型程序，通过 Seed，任何人都可以建立属于自己的游戏世界）设计，这个设计真的太棒了。简单来讲，它们都是以区块链为底层做了一个游戏的开发套件（我们一般称之为 SDK），所有通过这个套件开发的游戏都应该具备这样一些特征：

- 由于节点越来越多，游戏理论上会一直存在。
- 在时间上保持与真实世界同步。
- 没有门槛，任何人都可以参加。
- 其ID、游戏道具、成就或者其他任何一个游戏属性都可以跨游戏存在。
- 所有数字资产都可以跨平台使用。
- 每个人都可以是游戏的创造者。

每一个通过这个 SDK 开发出来的游戏都会默认具备这些属

性，而每个游戏本身会是整个元宇宙的节点，它们的运行也等于支撑着整个宇宙的运行，这两者是相辅相成的。

第二个方面是游戏会渗入人们的生活中。未来衣食住行会越来越多地结合游戏属性，并非所有的行为都会变成游戏，而是会加入游戏的成就系统和虚拟道具系统等。游戏也会是提升用户粘度、吸引更多流量的重要手段。

第三个方面则是随着虚拟世界的发展越来越快，慢慢地就可以与真实世界展开联动。例如我们可以通过物联网和智能家居在虚拟世界中展现真实世界中的家和自己的样子，真实世界的资产可以直接成为虚拟资产，从而在虚拟世界中进行使用。同样地，如果我们在虚拟世界中无论是游戏还是别的模式赚到了钱，也可以在真实世界中兑换出来。

这一切原本离我们很遥远，因为整个生态缺少一个可信可编程的技术，然而现在有了区块链，区块链是一个神奇的宝盒，现在已经被完全打开了，剩下的便是无限的想象空间。区块链就是打开元宇宙的钥匙。

7.10　公链和联盟链

上面所有案例其实都是联盟链在赋能产业，公链其实同样有非常大的价值，甚至其在某些方面比联盟链价值还要大。公链和联盟链本是同根生，但现阶段对公链而言可能仅仅只是一个开始。

公链和联盟链就好像是区块链和人性的正反面。公链现阶段只是刚在去中心化金融方面崭露头角，但相信未来会有非常多的地方都需要公链。其实公链原本的模式就是需要通证去做激励，这其实一点问题都没有，同时如果通证模型设计得好，并且整个流程的确是公开透明的或者在发行通证的时候是有监管的，那么公链进入二级市场也是理所应当的。当下的公链很多是为了发行炒作的通证而做的公链，哪怕公链上什么生态都没有，用户也没有，同样可以炒作价值，这对公链的发展没有任何帮助。随着区块链的发展，坚信未来自由职业者会变得越来越多，同时非企业模式运作的赢利和非赢利组织也会越来越多，这种生态就非常需要公链来做支撑。

随着 Coinbase 的上市，很多人开始审视国内外区块链的发展，国外公链无论在模式还是技术上发展都相对比较快，作者认为联盟链未来会有非常多的思想和技术需要从公链上借鉴过来，包括性能提升、跨链、共识等很多很多。作者认为并不是每个生态每个产品都需要中心化完全可控才能发展的，去中心化金融以及上文提到过的元宇宙，只要业务逻辑能自洽并且合情合理，那就有存在的价值。

事实证明现在去中心化金融生态发展得已经越来越好了。作者相信未来会有越来越多的中心化组织和中心化企业是既做联盟链也做公链，两者只不过是服务于不同的业务和用户群体。联盟链是各种商业合作，公链是各种 NGO 组织、社群团体使用，大家愿意参与节点也没有问题，一起去把生态做大，将生态上的模式和应用丰富起来才是公链最大的核心。

7.11 总结

区块链作为新一代信息基础建设，其实和各个领域都可以结合并提高业务效率、改变商业关系，包括公益、新能源、物联网、5G、AI、医疗、政务、司法等。虽然业务和商业上的结合点千变万化，但区块链能解决的问题和创新是不变的，那就是——信任和价值回归。

第 8 章

区块链的关键技术与思考

8.1 区块链的系统架构

区块链是分布式数据存储、点对点传输、共识机制、加密算法等计算机技术的新型应用模式。那么，作为区块链这个前沿技术的学习者，区块链的系统架构是值得我们去深入探索的。不过实际上，随着区块链技术的发展，我们会发现从最早比特币的架构到以太坊智能合约的横空出世；从 Hyperledger 的联盟链框架到 Fisco Bcos 的技术体系；各种各样的系统架构各具特色，同时又有些共性设计。此章节中，我们将会系统学习不同的区块链的体系。

8.1.1 比特币的系统架构

谈到区块链，我们不得不追本溯源到中本聪最初的论文。2008 年中本聪发表论文 "Bitcoin: A Peer-to-Peer Electronic Cash System"。2009 年 1 月 4 日，在中本聪发表论文后的 3 个月，第一个创世区块（Genesis Block）建立。时至今日，比特币经受住了无数黑客的攻击，比特币系统架构的安全性得到了很好的验证。根据中本聪论文中的设计，我们可以整理出如下图所示的比特币系统架构。

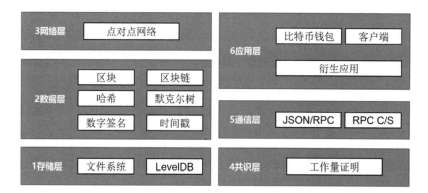

比特币系统分为 6 层，由下至上依次是存储层、数据层、网络层、共识层、RPC 层、应用层。其中，存储层主要用于存储比特币系统运行中的日志数据及区块链元数据，存储技术主要使用文件系统和 LevelDB（Google 编写的快速键值存储库，提供了从字符串键到字符串值的有序映射）。

- 数据层主要用于处理比特币交易中的各类数据，如将数据打包成区块，将区块维护成链式结构，区块中的内容则使用密码学进行加密，同时加入数字签名以及对每个区块都增加了时间戳。将交易数据构建成默克尔树，并计算默克尔树根节点的哈希值等（默克尔树是基于哈希的数据结构，是哈希列表的概括。它是一种树结构，其中每个叶节点是数据块的哈希，每个非叶节点是其子节点的哈希）。区块构成的链有可能分叉，在比特币系统中，节点始终都将最长的链条视为正确的链条，并持续在其后增加新的区块。

- 网络层用于构建比特币底层的P2P网络，支持多节点动态加入和离开，对网络连接进行有效管理，为比特币数据传输和共识达成提供基础网络支持服务。

- 共识层主要采用了PoW（Proof of Work）共识算法。在比特币系统中，每个节点都不断地计算一个随机数（Nonce），直到找到符合要求的随机数为止。在一定的时间段内，第一个找到符合条件的随机数将得到打包区块的权利，这构建了一个工作量证明机制。

- RPC层实现了RPC服务，并提供JSON API供客户端访问区块链底层服务。应用层主要承载各种比特币的应用，如比特币开源代码中提供了比特币客户端。该层主要是作为RPC客户端，通过JSON API与比特币底层交互。除此之外，比特币钱包及衍生应用都架设在应用层上。

纵观比特币的整套架构，可以看到严谨规整的布局，我们可以认为它是一种守正出奇。也恰恰是这种严谨的系统架构，让比特币时至今日依旧是最去中心化且最稳定的去中心化系统之一。

8.1.2　以太坊与智能合约

2013 年，正在滑铁卢大学计算机系就读的 Vitalik Buterin 想到了一个非常好的创意。如果比特币的网络上可以运行一种图灵完备的程序语言，将会为无数金融科技以及区块链应用提供突破性的创造力，这就是智能合约的雏形。然而，当他第一次给比特币核心开发组提出这个想法的时候，他的提案并没有得到重视。比特币核心开发组的工作人员认为比特币并不需要这种程序语言，并且与之相对的，比特币只要保证网络安全稳定地不断运行就已经能够提供一种核心的基础价值。在之后的几个月内，以太坊网络的设想横空出世。以太坊的整体架构和比特币非常相似，

其中存储层主要用于存储以太坊系统运行中的日志数据及区块链
元数据，存储技术主要使用文件系统和 LevelDB。在存储层，以
太坊网络的系统架构与比特币是相似的。

- 数据层主要用于处理以太坊交易中的各类数据，如将数据
  打包成区块，将区块维护成链式结构，加密或哈希计算区
  块中的内容，数字签名及增加时间戳印记，将交易数据构
  建成默克尔树，并计算默克尔树根节点的哈希值等。
- 与比特币的不同之处在于：以太坊引入了交易和交易池的
  概念。交易指的是一个账户向另一个账户发送被签名的数
  据包的过程。而交易池则存放通过节点验证的交易，这些
  交易会放在矿工挖出的新区块里。
- 以太坊的Event（事件）指的是以太坊虚拟机提供的日志
  接口，当事件被调用时，对应的日志信息被保存在日志文
  件中。
- 与比特币一样，以太坊的系统也是基于P2P网络的，在网
  络中每个节点既有客户端角色，又有服务端角色。
- 协议层是以太坊提供的供系统各模块相互调用的协议支
  持，主要有HTTP、RPC协议、LES、ETH协议、Whipser
  协议等。以太坊基于HTTP Client实现了对HTTP的支持，
  实现了GET、POST等HTTP方法。外部程序通过SON
  RPC调用以太坊的API时需通过RPC（远程过程调用）协
  议。LES的全称是轻量级以太坊子协议（Light Ethereum
  Sub-protocol），允许以太坊节点同步获取区块时仅下载
  区块的头部，在需要时再获取区块的其他部分。Whisper
  协议用于DApp间通信。

- 共识层在以太坊系统中有PoW和PoS两种共识算法。在
  ETh1.0中，以太坊采用了和比特币同样地PoW的工作量证
  明作为公式算法。在ETh2.0中，以太坊则采取了PoS的方
  法作为公示算法。目前在ETh2.0的信标链上，就是采取了
  这种方法。

- 合约层分为两层，底层是EVM（Ethereum Virtual
  Machine，以太坊虚拟机），上层的智能合约运行在EVM
  中。智能合约是运行在以太坊上的代码的统称，一个智能
  合约往往包含数据和代码两部分。智能合约系统将约定或
  合同代码化，由特定事件驱动触发执行。因此，在原理上
  适用于对安全性、信任性、长期性的约定或合同场景。在
  以太坊系统中，智能合约的默认编程语言是Solidity，一
  般学过JavaScript语言的读者很容易上手Solidity。

- 应用层有DApp、以太坊钱包等多种衍生应用，是目前
  开发者最活跃的一层。2020年兴起的DeFi（去中心化金
  融），NFT加密艺术及收藏品的应用，就是DApp的具体
  应用场景。

8.1.3　Hyperledger 技术体系

超级账本（Hyperledger）是 Linux 基金会于 2015 年发起的
推进区块链数字技术和交易验证的开源项目，该项目的目标是推
进区块链及分布式记账系统的跨行业发展与协作。Hyperledger 的
大家庭里有非常多的系列。例如 Hyperledger Besu 是在对公共和
私有许可的网络中具有企业友好性的以太坊客户端；Hyperledger

Burrow 是一个专注于简单性，速度和开发者人机工程学的完整的单二进制区块链发行版；Hyperledger Indy 配备工具，库和可重用组件，以提供植根于区块链或其他分布式分类帐的数字身份等一系列 Hyperledger 项目。

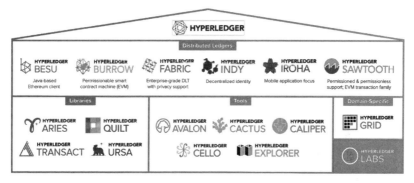

目前该项目最著名的子项目是 Hyperledger Fabric，由 IBM 主导开发。Hyperledger Fabric 是分布式记账解决方案的平台，以模块化体系结构为基础，提供高度的弹性、灵活性和可扩展性。它旨在支持不同组件的可插拔实现，并适应整个经济生态系统中存在的复杂性。

Hyperledger Fabric 提供了一种独特的弹性和可扩展的体系结构，使其不同于其他区块链解决方案。我们必须在经过充分审查的开源架构之上对区块链企业的未来进行规划。超级账本是企业级应用快速构建的起点。

系统中还引入了认证节点，认证节点是一类特殊的 peers 节点，负责同时执行链码（Chaincode）和交易的认证（Endorsing Transactions）。

其中，存储层主要对账本和交易状态进行存储。账本状态存储在数据库中，存储的内容是所有交易过程中出现的键值对信息。比如，在交易处理过程中，调用链码执行交易可以改变状态数据。状态存储的数据库可以使用 LevelDB 或者 CouchDB。LevelDB 是系统默认的内置的数据库，CouchDB 是可选的第三方数据库。区块链的账本则在文件系统中保存。

数据层主要由交易（Transaction）、状态（State）和账本（Ledger）三部分组成。

其中，交易有两种类型：

（1）部署交易

以程序作为参数来创建新的交易。部署交易成功后，链码就被安装到区块链上。

（2）调用交易

在上一步部署好的链码上执行操作。链码执行特定的函数，这个函数可能会修改状态数据，并返回结果。

状态对应了交易数据的变化。在 Hyperledger Fabric 中，区块链的状态是版本化的，用 key/value store（KVS）表示。其中 key 是名字，value 是任意的文本内容，版本号标识这条记录的版本。这些数据内容由链码通过 PUT 和 GET 操作来管理。如存储层的描述，状态是持久化存储到数据库的，对状态的更新是被文件系统记录的。

账本提供了所有成功状态数据的改变及不成功的尝试改变的历史。账本是由定制服务构建的一个完全有序的交易块组成的区块哈希链（Hash Chain）。

账本既可以存储在所有的 peers 节点上，又可以选择存储在几个 orderers 节点上。此外，账本允许重做所有交易的历史记录，并且重建状态数据。

通道层指的是通道（Channel），通道是一种 Hyperledger Fabric 数据隔离机制，用于保证交易信息只有交易参与方可见。每个通道都是一个独立的区块链，因此多个用户可以共用同一个区块链系统，而不用担心信息泄漏问题。

网络层用于给区块链网络中各个通信节点提供 P2P 网络支持，是保障区块链账本一致性的基础服务之一。

在 Hyperledger Fabric 中，节点是区块链的通信实体。节点仅仅是一个逻辑上的功能，多个不同类型的节点可以运行在同一个物理服务器中。目前 Hyperledger 中节点有三种类型，分别是客户端、组节点和排序服务。其中，客户端用于把用户的交易请求发送到区块链网络中。组节点负责维护区块链账本，组节点可以分为 Endoring peers 和 Committing peers 两种。Endoring peers 为交易做认证，认证的逻辑包含验证交易的有效性，并对交易进行签名；Committing peers 接收打包好的区块，并写入区块链中。与 Node 类似，peers 节点也是逻辑概念，Endoring peers 和 Committing peers 可以同时部署在一台物理机上。排序服务会接收交易信息，并将其排序后打包成区块，然后写入区块链中，最后将结果返回给 Committing peers。

共识层基于 Kafka、SBTF 等共识算法实现。Hyperledger Fabric 利用 Kafka 对交易信息进行排序处理，提供高吞吐、低延时的处理能力，并且在集群内部支持节点故障容错。相比于 Kafka，SBFT（Simplified Byzantine Fault Tolerance，简易拜占庭容错）能提供更加可靠的排序算法，包括容忍节点故障以及一定数量的恶意节点。

合约层是 Hyperledger Fabric 的智能合约层 Blockchain，Blockchain 默认由 Go 语言实现。Blockchain 运行的程序叫作链码，持有状态和账本数据，并负责执行交易。在 Hyperledger Fabric 中，只有被认可的交易才能被提交。而交易是对链码上的操作调用，因此链码是核心内容。同时还有一类称之为系统链码的特殊链码，用于管理函数和参数。

应用层是 Hyperledger Fabric 的各个应用程序。

此外，既然是联盟链，在 Hyperledger Fabric 中还有一个模块专门用于对联盟内的成员进行管理，即 Membership Service Provider（MSP），MSP 用于管理成员认证信息，为客户端和 peers 节点提供成员授权服务。

8.1.4　Fisco Bcos 技术体系

整体架构上，Fisco Bcos 划分成基础层、核心层、管理层和接口层。

（1）基础层。提供区块链的基础数据结构和算法库。

（2）核心层。实现了区块链的核心逻辑，核心层分为两大部分：

①链核心层。实现区块链的链式数据结构、交易执行引擎和存储驱动。

②互联核心层。实现区块链的基础 P2P 网络通信、共识机制和区块同步机制。

（3）管理层。实现区块链的管理功能，包括参数配置、账本管理和 AMOP。

（4）接口层。面向区块链用户，提供多种协议的 RPC 接口、SDK 和交互式控制台。

Fisco Bcos 整体架构图如下所示。

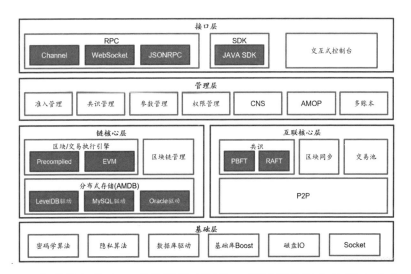

多群组架构中，群组间共享网络，通过网络准入和账本白名单实现各账本间网络消息隔离。

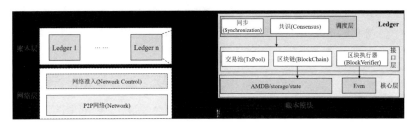

群组间数据隔离，每个群组独立运行各自的共识算法，不同群组可使用不同的共识算法。每个账本模块自底向上主要包括核心层、接口层和调度层三层。这三层相互协作，Fisco Bcos 可保证单个群组独立健壮地运行。

核心层负责将群组的区块数据、区块信息、系统表以及区块执行结果写入底层数据库。

存储分为世界状态（State）和分布式存储 AMDB（Advanced Mass Database，AMDB）两部分，世界状态包括 MPTState（MPT State 是以太坊上级经典的数据存储方式，全称是 Merkle Paricia Trie State）和 StorageState（存储状态），负责存储交易执行的状态信息，StorageState 性能高于 MPTState，但不存储区块历史信息；AMDB 则向外暴露简单的查询（Select）、提交（Commit）和更新（Update）接口，负责操作合约表、系统表和用户表，具有可插拔特性，后端可支持多种数据库类型，目前支持 RocksDB 数据库和 MySQLstorage。

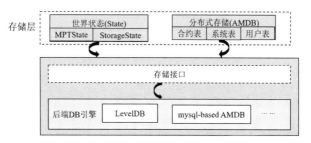

接口层包括交易池（TxPool）、区块链和区块执行器（Block Verifier）三个模块。

- 交易池：与网络层以及调度层交互，负责缓存客户端或者其他节点广播的交易，调度层（主要是同步和共识模块）从交易池中取出交易进行广播或者区块打包。
- 区块链：与核心层和调度层交互，是调度层访问底层存储的唯一入口，调度层（同步、共识模块）可通过区块链接口查询块高、获取指定区块、提交区块。

■ 区块执行器：与调度层交互，负责执行从调度层传入的区块，并将区块执行结果返回给调度层。

调度层包括共识模块（Consensus）和同步模块。

■ 共识模块：包括Sealer线程和Engine线程，分别负责打包交易，执行共识流程。Sealer线程从交易池取交易，并打包成新区块；Engine线程执行共识流程，共识过程会执行区块，共识成功后，将区块以及区块执行结果提交到区块链。区块链统一将这些信息写入底层存储，并触发交易池删除上链区块中包含的所有交易，将交易执行结果以回调的形式通知客户端，目前Fisco Bcos主要支持PBFT和Raft共识算法。

■ 同步模块：负责广播交易和获取最新区块，考虑到共识过程中，Leader负责打包区块，而Leader随时有可能切换，因此必须保证客户端的交易尽可能发送到每个区块链节点。节点收到新交易后，同步模块将这些新交易广播给所有其他节点；考虑到区块链网络中机器性能不一致或者新节点加入都会导致部分节点区块高度落后于其他节点，同步模块提供了区块同步功能，该模块向其他节点发送自己节点的最新块高，其他节点发现块高落后于其他节点后，会主动下载最新区块。

8.1.5 蚂蚁链技术体系

蚂蚁链是基于阿里云和蚂蚁金融云的开放式"区块链即服务"平台。蚂蚁链的技术架构分成三层，其中每一层都特点鲜明。

蚂蚁链的设计理念主要基于以下两个方面的考量。

（1）基于云平台

可以充分利用云计算本身的弹性、高可用性和灵活性；能充分发挥区块链本身的信任基础设施的能力，比如多方共识、不可篡改、可信的特点。

（2）BaaS（区块链即服务 Blockchain as a Service）通过云服务输出

以云服务的方式进行输出，这样用户可以根据实际需要来选择，从而可以快速地实现部署应用，从而节省了用户宝贵的时间。

BaaS Core 是基于对主机以及容器实现了灵活支持的云平台，实现跨平台的灵活运行和部署；BaaS Plus 把底层的服务和能力封装、服务化，开放为标准化的接口，实现了包括可信存证、通用溯源等服务。应用层则是在应用场景落地的实际应用中沉淀形成一套标准的应用解决方案模板，从而方便用户在自己的应用中借鉴其他类似场景的平台能力。

8.2　智能合约

在之前的章节当中，我们讲解了一些关于以太坊和智能合约的关系，什么是智能合约。简单来说，智能合约就是运行在 EVM 上的一种可重复使用的程序代码，开发者可以将程序代码上传到 EVM 环境当中，来实现一个去中心化的应用部署。

当开发者把智能合约部署到了以太坊上之后，这个智能合约就变成了一个独立的账户，有点像科幻电影当中那种有独立权利并且自动反馈的机器人。用户们也可以通过自己的账户向智能合约发送请求，智能合约会根据条件判断和输入参数进行计算和反馈。

在本章中，我们会继续就智能合约的一些细节进行讲解，包括智能合约的一些技术细节，实现语言以及应用场景等方面。

8.2.1　智能合约的概念

在这里我们需要再对智能合约定义以及实现做一些更加细节的讲解。

首先，在这里要强调一下，以太坊是第一个将智能合约应用于区块链领域并且是现在 EVM 中做得较好的区块链，但智能合约并不是只能运行在以太坊上，任何拥有虚拟机的区块链都可以支持智能合约的部署以及交互。

虚拟机其实就是在整个区块链上每个节点都同步的一台计算机，只要将智能合约部署到这台计算机上，就像在计算机上安装了一个软件，所有的节点都可以对这个软件进行访问和使用。

在我们传统的互联网和计算机科学当中，应用和软件往往是安装在 PC 或者服务器上的，这样的依附载体需要有特定的人去维护和优化。而且在这种应用场景下，各个应用直接的相互关系基本上是隔离的，需要依靠不断地请求以及多次握手来完成一些交互操作，这样会带来一些可扩展性上的问题。

而在 EVM 上运行的智能合约就不存在这个问题，因为合约之间所使用的程序标准是相同的，程序之间的调用不需要通过握手或者是多次确认来进行安全性检测，只需要检测这个 EVM 上的数据条件就可以了。

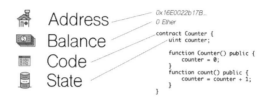

我们刚刚讲了关于智能合约运行环境的问题，接下来讲一讲这个智能合约本体的属性。

虽然它叫智能合约，但其实它并不智能，也不是一种我们传统意义上理解的合约。智能合约在以太坊上的体现是一个智能合约账户地址，与普通的用户地址不同的是，这个地址内存有智能合约的代码，以及合约内跟状态有关变量的值。

外部的用户可以通过编写交易来对智能合约进行交互，智能合约本身也可以通过编写交易来对其他的智能合约进行交互，这样就实现了某种代理的功能。这种功能听起来很智能，但其实智能合约实现与别的合约交互的程序逻辑是需要提前编写在合约代码当中的，因此我们在编写智能合约时需要进行周全的考虑以及测试分析，将合约的功能考虑完全，再进行部署。

一旦智能合约部署完成之后，就不能再对其代码进行更改，但是可以通过函数调用的方式来修改内部的一些参数。如果需要对智能合约的代码进行更新，则需要用到代理合约，或者是进行合约的迁移。

关于部署的过程，其实非常简单，在大家通过 Solidity 语言写好了合约之后，在 ChainIDE（ChainIDE 是纯白矩阵原创的区

块链开发平台）上选择合适的编译器进行编译，就可以得到 ABI
（Application Binary Interface，应用程序二进制接口）（可以通
俗地理解为合约的接口说明。当合约被编译后，它对应的 ABI 也
就确定了）和 bytecode（字节码）。此时的合约还是在链下的，
我们只是将它从一个人类编写的程序语言转换为了机器能读懂的
语言。接下来，还需要向空地址发送一笔交易，交易的内容需要
加上刚刚编译出来的 bytecode，然后发送到以太坊上。当矿工识
别到这笔目的地为空的交易后，就知道这是一笔需要创建智能合
约的交易，会在收取 gas fee 之后在链上帮你部署这个合约。

最后是关于如何对智能合约进行调用，智能合约的调用格式
是统一的，我们需要通过合约的 ABI 与智能合约进行交互。ABI
当中会包含函数的名字，输入输出变量的信息，以及条件的选择。
其实调用和部署智能合约的流程大致相似，也是需要向以太坊上
发送一笔交易，只是交易的信息发生了一些变化。

我们可以手动地进行一笔交易的打包，在交易信息的 input
当中填入参数和函数选择器，然后进行地址签名并发送到以太坊
上去。或者是我们也可以调用现成的第三方库，比如 web3.js 或
者 ethers.js，它们提供了简易的接口，可以让我们更加方便地调
用链上的合约和数据。

The World Computer

总地来说，智能合约就像计算机上的程序一样，它是一种去中心化执行程序的范式。通过编写智能合约，可以实现现在已有的大部分功能，并且将它们迁移到去中心化的网络当中。这种透明可查的程序能够让人更加信任，并且也能让全世界更便捷地使用。

8.2.2　以太坊与 Solidity 语言概述

每个不同的架构所需要的语言也不尽相同，当我们在传统的计算机后台编程时会使用 C++、Java 等具有复杂功能且能执行并行计算的语言架构；当我们在对页面进行编程时会使用到 HTML 这种标记型语言，和 JavaScript 等支持异步和复杂逻辑的高级脚本语言。

那么对于区块链这种特殊的数据架构和 EVM，工程师们提出了一种适配于智能合约且图灵完备的高级编程语言——Solidity。Solidity 是由加文·伍德在 2014 年提出的，后期则由 Christian Reitwiessner 所领导的以太坊团队 Solidity 接手开发，这个语言的后续开发和完善由以太坊基金会陆续完成。

Solidity 是一种静态编程语言，意味着它在编译时就需要确定变量的类型。同时，Solidity 还是一种高级编程语言，在工程师完成了 Solidity 语言的程序编程后，还需由编译器编制为机器码才能被 EVM 所执行。

Solidity 沿袭了一部分 ECMAScript 的语法概念，拥有大部分常规语言支持的变量类型，且支持继承，但不支持浮点型变量。与这类语言不同的是，Solidity 拥有复杂的成员类型变量，可以支持复杂结构的映射（mapping）。同样，Solidity 当中还有其他语言不具备的地址（address）类型，用于储存 EVM 当中的账户地址值。

Solidity 的 function 有些特别，与其他语言不一样的是，智能合约运行在一个公共的计算机上。每个合约的函数可见性以及可以被调用的权利都是需要谨慎设置的，为了满足这种较为特殊的需求，Solidity 创建了一个函数修饰器（modifier）关键字，专门用于判断函数的执行要求，以此将条件判断与程序逻辑模块化，提高了程序的可读性和架构清晰程度。

由于区块链是一个不断快速发展的新行业，所以 Solidity 语言也是在不断革新的，基本上每年都会推出一个大版本，且版本与版本之间会有较大的语法差别。在 2016 年时，The DAO 被曝出黑客攻击事件，经过调查，其主要原因不是因为程序逻辑上出现问题，而是 Solidity 语言本身的安全漏洞。当然，开发团队很快就将这个 bug 修复并且发布了新的版本。但是我们从这件事情当中也可以看到，由于当时语言尚处于一个早期的开发阶段，还有很多的问题尚未解决，因此只能通过不断更新迭代来对其进行完善。

在近几个大版本的 Solidity 大更新中，针对原有的很多问题进行了很多的优化和革新。包括在语义方面更加适配应用环境的需求，以及针对智能合约不可修改的特点增加可更新的合约升级功能。总的来说，整个 Solidity 开源社区的实力还是非常强劲的，而且也在不断针对用户的特点进行优化与更新，相信在不久后它就能成为支撑起去中心化世界的中流砥柱。

Solidity 与其他语言有些不一样的部分还在于它的日志系统。一般来说，我们传统的软件会将输出直接打印到控制台或者 Log 文件当中，但是在 EVM 当中并不存在这种像普通计算机一样的结构。为了让用户能够更加方便地监听且调用历史的信息内容，Solidity 使用了事件形式向 EVM 发送日志。事件是以太坊虚拟机 EVM 日志基础设施提供的一个便利接口。当合约内触发发送事件语句 emit（emit 是智能合约的一个关键字）时，会将设定好的参数存储到交易的日志中。这些日志会与合约的地址关联，并记录到区块链上。当我们在制作的去中心化应用当中想去调用这些事件，可以通过 web3.js 的库进行一个第三方的检索和监听。当有新的事件发生时，就会触发回调函数，可以实时更新最新的日志。

在针对 Solidity 语言进行学习时，除了需要对基本的语法结构和逻辑结构予以掌握之外，还需要对 EVM 有一些深层次的了解。想要用 Solidity 写好一个应用，需要考虑到各种错误情况发生时的回退以及处理办法，同时对逻辑严密性有很高的要求。一旦智能合约部署到链上，就无法再对其进行更改，只能通过更新的方式对合约进行迁移。如果因为漏洞遭受黑客的攻击，则会对用户以及开发团队造成很大的伤害。

8.2.3　EVM 与智能合约应用

我们刚刚讲到了关于 EVM 的一些特性和结构组成，但是其实关于 EVM 究竟是个什么，以及它与我们普通的个人计算机上的虚拟机环境有什么区别，还需要深入探究一下。

首先 EVM 是一套在基础硬件之上建立的一个虚拟的计算机系统，它的本意是想让计算机在同一个硬件环境下支持不同的操作系统。比如我们可以在 Windows 上安装 Linux 的虚拟机或者在 Android 的虚拟机中运行一些其他操作系统上才可以运行的软件。

而 EVM（Ethereum Virtual Machine）则是在不同硬件环境下搭建以太坊环境的一个方法。每个节点在自己的计算机上启动了这个 EVM，相当于开启了一个以太坊的客户端，登录到了以太坊世界当中。在以太坊世界内，所有节点都会遵守一套公共的规则来维护和执行这个 EVM 当中的一些智能合约。只要大家所遵守的规则是一样的，那么我们会得到一台在世界范围内同步的虚拟机 EVM。

从架构上来说，EVM 的计算和赋值是由堆栈的架构组成的，当 EVM 在部署智能合约时，首先收到的是由用户发来的由 Solidity 编译而成的操作码，然后通过后进先出的堆栈方式来安排这些操作码，一个一个地执行。

比如说一个简单的 a=1 程序语句，翻译成字节码是 6001600081905550，它代表了在堆栈当中进行入栈、位置标记、赋值、出栈的过程。根据每个操作码的属性不同，它会知道应该做出什么样的计算以及交换赋值，最后将结果储存到长度为 32 字节的储存槽里。其他的程序也会被编译成类似的操作码，供 EVM 执行。

在我们之前讲 Solidity 语言时，有一个关于变量储存位置的知识点没有提到。在 Solidity 文件当中，在函数以外或者是函数内指定为 storage 的变量，都是状态变量。状态变量指的是：在程序运行时，这个变量会储存到区块链的储存槽上，并且成为一个状态的变量。那么与之相对应的则是内存变量（memory），在函数内没有特别声明的变量都为 memory 类型变量，这种变量在智能合约每次被调用完之后就会清空，不会继续保留在区块链的状态当中。由于以太坊是全世界的节点共同维护的一台计算机，那么这台计算机里就不能存储太多大量的冗余信息，会大大提高每个节点的硬件要求，以及降低整体网络的效率。因此在非必要时尽量使用 memory 变量做局部计算，来减小打包费用以及存储值的数量。

现在在 EVM 上遇到了一个比较棘手的问题，我们刚刚讲到了关于智能合约在与 EVM 交互时需要将一部分的数据储存到区块链上。随着智能合约的增多以及网络的不断扩大，在全节点当中保存的数据也会不断地增加。这会带来两个方面的问题，首当其冲的是全节点的硬件要求势必会不断提高（主要是数据变多了之后带来的硬盘随机读取能力），这种不断提高的条件会降低整体网络的去中心化程度。第二方面的问题是，当前的大部分交易手续费提供给的都是计算模块，与此同时我们会给存储和修改功能更高的 gas 费用。但是随着时间的推移，这笔费用往往无法再持续支持存储数据等功能的消耗，这可能会对之后的存储操作产生影响。

关于这个问题，有两个可能的解决方向。以太坊的创始人认为，这种存储产生的 gas 费用不均衡主要是由于我们没有对长期存储进行一个持续收费，而是在存储时一次性地收取。他提出了一个"存储有效期"的概念，也就是说数据在以太坊上的有效存储是有时间限制的，当超过了时间限制之后，这些数据就会"失活"——将它们从随机读取的范围内移走。如果用户想重新再次启用这些数据，则需要为这些数据付费。

第二个方向是我们并不将这种数据存储在所有的节点当中，而是在广播时打包节点自带验证这个区块所需的一连串数据。其他节点可以通过这个节点提供的一连串数据，以及自身存储之前的区块的哈希值，来对这个区块的有效性进行验证。但这样有可能带来的问题是对带宽需求的增加，同时由于存储全状态数据的节点变少了，可能区块链架构也需要进行革新。

总的来说，在区块链之上发展的 EVM 是更加未知且更具挑战性的一个领域，各种技术都是为了实现更好的运行环境和去中心化而服务。相信在不断的迭代和反思中，EVM 技术能逐步走向成熟。

8.2.4　智能合约的实际应用场景

我们之前已经大概了解了智能合约是什么，以及它是如何运作的。那么依据刚刚已经阅读过的部分，我们可以思考一下，什么应用是可以在智能合约上实际落地的呢？

我们经常会说区块链和金融的联系最紧密，但是往往大家都没有考虑到背后的逻辑是什么。当不考虑现金时，我们其实可以发现现代社会所有的金融操作基本上都是在电子系统当中完成的。

区块链技术本身，能完全解决信息世界里不同主体的信任问题，但是现在暂时仅限于信息世界当中。因为如果要与现实世界（链下）产生联系，势必要引入一个第三方的权威机构进行认证和信息输入。那么在之前没有非常成熟的链下信息接入的条件下，金融应用势必会成为最容易被区块链落地的场景。

当然我们刚刚也提到了第三方机构的这个问题，其实如果我们想对智能合约的应用范围进行延展，首先的切入点应该是：什么主体之间缺少信任？如何在人的影响最小化的情况下完成数据的上链过程？

现在大家可以明显观察得到的是，如果我们使用传感器收集数据并且上链，可以极小地受到人为干扰的影响。所以从这个方面来说，与传感器相关的项目上较为适用与区块链相关的技术。例如我们可以通过车内的传感器数据来查看车辆的行驶情况，同时可以通过传感器数据来进行保险的理赔等操作，由此减少在日常车辆使用过程中的纷争。当然，这里我们其实还是使用了一个第三方的机构：传感器的生产厂家。因此在这种模式下，我们应该通过一个多方节点检验的方式，来对安装在物体上的传感器进行校验，以保证其安全和有效地运行。

还有一种比较有实用性的场景，是在权威机构监督下可以追责的场景，比如说食品安全、环境污染等。区块链负责场景内的数据记录和多节点保存，每个物品或者指标都能对应到的责任人，责任人一经确认则在区块链上不可消除。这样在法律和国家主体的监督下，我们可以提高违法犯罪的成本，增加各类数据的可信度。

其实如果从这个角度出发，很多的应用都可以在区块链上运行。但是在权衡代价与有效性之后，大家会选择最适合在区块链上发展的应用进行深入探索和研究，希望区块链技术能为社会的发展贡献一份力量。

8.3　共识算法

共识算法在区块链中是一个非常核心的模块。我们经常会说区块链是公开可信、不可篡改的，其本质便取决于共识算法是否靠谱、合适。一条拥有极差的共识算法的区块链很有可能最终沦为他人的作恶工具。

8.3.1　共识算法——构筑区块链信任的基石

区块链是一个去中心化分布式网络，其主要目的是用于记录可追溯、不可篡改、公开透明的数据或信息。共识算法的使用是分布式网络中最重要的特征之一，因为分布式系统没有中央权威，想要整个区块链网络节点维持一份相同的数据，同时保证每个参与者的公平性，整个体系的所有参与者必须有一致性的协议，而解决一致性问题的过程我们称之为共识。

1959 年，兰德公司和布朗大学的埃德蒙·艾森伯格（Edmond Eisenberg）和大卫·盖尔（David Gale）发表的 "Consensus of subjective probabilities: the Pari-Mutuel method"，主要研究在特定情况下，不同个体之间的观点如何形成一个共识概率分布的问题。随后，共识问题逐渐浮出水面，吸引了更多领域的学者进行研究。

1980 年，马歇尔·皮斯（Marshall Pease）、罗伯特·肖斯塔克（Robert Shostak）和莱斯利·兰伯特（Leslie Lamport）提出分布式计算领域的共识问题。该问题主要研究在一组可能存在故障节点，通过点对点消息通信的独立处理器网络中，非故障节点如何能够针对特定值达成一致共识。1982 年，作者在另一篇文章中正式将该问题命名为"拜占庭将军问题"（Byzantine Failure），拜占庭是东罗马帝国的首都，这是一个国土辽阔的帝国，其用于防御的军队彼此都分离很远，各个军队彼此之间靠信使传递消息。战争发生时，将军们无法聚在一起来商讨进攻与否，彼此之间只能通过信使来传递彼此的决定。困扰这些将军的问题是，他们不确定他们中是否有叛徒，而叛徒可能擅自变更进攻决定。在这种状态下，拜占庭将军们能否找到一种分布式的协议来实现远程协商，从而就进攻问题达成一致？这就是著名的拜占庭将军问题。

现在随着比特币的出现和兴起，这个著名问题又重新进入了大众视野。

2008 年 10 月 31 日，中本聪在密码学邮件组中发表了关于比特币奠基性的论文后，基于区块链的共识研究自此拉开序幕。

目前不同类型的共识算法如下：

- 针对非拜占庭容错。Paxos、Raft等，这类算法性能较高，但容错性较弱。
- 针对拜占庭容错。工作量证明（PoW）、权益证明（PoS）、委托权益证明（DPoS）、实用拜占庭容错算法（PBFT）等，这类算法容错性较高，但是性能较弱。

处理拜占庭错误的算法有两种思路，一种是通过提高作恶节点的成本以降低作恶节点出现的概率，如工作量证明、权益证明等，其中工作量证明是通过算力，而权益证明则是通过持有权益；另一种是在允许一定的作恶节点出现的前提下，依然使得各节点之间达成一致性，如实用拜占庭容错算法等。

8.3.2 PoW（工作量证明）

工作量证明（Proof of Work，PoW）的想法最初由 Cynthia Dwork 和 Moni Naor 于 1993 年发布，后来由中本聪（Satoshi Nakamoto）于 2008 年在比特币论文中引入。

共识机制的目的是在节点互不信任的环境中使所有节点互相同意，彼此信任，之后验证新区块中所有的交易信息，最终将这个新的区块添加至区块链当中。新区块需要网络中的所谓"矿工"证明他们已经做出了一定的努力。通过解决数学难题，必须获得具有某些特征的结果，这些结果是从哈希函数中得出的，从而可以提供一个可供其他节点验证的计算结果，最终证明交易（即计算路径）已正确执行且该节点作为出块节点可以获得奖励。矿工提供维护区块链和验证交易所需的计算能力。它们彼此竞争，以便将一组交易（区块）链接在一起。随着时间的流逝，数学问题变得越来越复杂。

矿工按时间顺序在区块中组织这些交易并向整个网络发布新开采的区块的过程不会花费很多精力和时间。耗能较高的部分主要是解决"硬数学问题"，以将新区块链接到有效区块链中的最后一个区块。当矿工最终找到合适的解决方案时，节点会同时将其广播到整个网络，并接收 PoW 协议提供的加密货币奖励（奖励）。比特币的数量每 4 年左右就会减少一半（这就是比特币网络的设计方式），上一次比特币数量减少是在 2020 年 5 月。

随着更多矿工的到来，计算新区块所需的时间不可避免地变得越来越短。这意味着发现新块的速度更快。为了每 10 分钟持续找到 1 个区块（这是比特币开发人员认为持续稳定并减少新硬币流量所需的时间，直到达到2100万的最大数量为止，以目前的速度预计会花费一些时间，大约在2140年），比特币网络会定期更改开采新区块的难度级别。值得一提的是，如果有人想更改之前某一个区块的信息，需要重新生成在此区块之后的区块，并且重做它们包含的工作，这实际上是不可能的。所以一般来说区块链具有不可篡改的特点。

工作量证明共识的主要问题如下：

- 51%的风险：如果控制实体拥有网络中51％或51％以上的节点，则该实体可以通过获取大部分网络来破坏区块链。
- 资源消耗：矿工消耗大量计算能力，以找到解决难题的方法。这导致浪费宝贵的资源（金钱、能源、空间、硬件）。
- 交易确认大约需要10分钟。因此，这不是即时交易。因为矿工需要花费一些时间来进行随机数的计算并打包交由其他节点验证。

目前使用PoW的加密货币主要有以下三种：

- 莱特币。
- 以太坊。
- 比特币。

8.3.3　PoS（权益证明）

权益证明（Proof of Stake，PoS）是在2011年一位昵称为Quantum Mechanic（量子力学）的用户在Bitcointalk论坛上提出的，之后Sunny King和他的同事基于这个想法发表了一篇论文，诞生了基于PoS的点点币（Peercoin）。在权益证明诞生之前，实现分布式共识最流行的方法是通过工作量证明。但工作量证明需要大量的能耗，因此为了优化能耗大的问题，权益证明顺势诞生。

从名称上可以理解，区块链上的节点会质押一定数量的加密货币成为候选者，以验证新区块并从中赚取费用。然后算法从候选池中选择将验证新区块的节点。这种选择算法将质押的数量（加密货币的数量）与其他因素（例如基于持币时长、随机化过程）结合在一起，以使选择对网络上的每个人都是公平的。

PoS 的特征：

（1）存在固定的加密货币

网络中始终流通的加密货币数量有限，没有新加密货币的存在。某些项目在最开始以有限数量的加密货币进行预售或者最初以 PoW 开始，然后转移到 PoS。PoW 的启动主要是为了把加密货币引入区块链网络。

（2）交易费作为对验证者的奖励

每笔交易都收取一定的费用并且这个费用是累积的，用于提供给铸造新区块的验证者。请注意，如果发现铸造的区块是欺诈性的，则不会奖励交易费，而且验证者的股份也会失去（也称为 slashing）。

（3）51% 攻击的不切实际

要进行 51% 攻击，攻击者将必须拥有网络中总加密货币的 51%，这是非常昂贵的并且不那么有利可图。随着时间的积累，更多人会持有自己的加密货币并且不选择出售，这样就没有太多的货币可以购买，而且购买越来越多的硬币，价值将变得更加昂贵。同样，验证错误的交易也会导致验证者失去其股份，从而成为负奖励。

PoS 的优势：

（1）节能

由于所有节点都没有相互竞争以将新块附加到区块链，因此可以节省能源。同样，也无须解决任何问题（如工作量证明系统），从而节省了能源。

（2）去中心化

在像比特币这样的区块链（工作证明系统，以实现分布式共识）中，存在额外的指数奖励激励来加入采矿池，从而导致区块链的更加集中化。在基于权益证明的系统（如点点币）的情况下，奖励与质押的数量成正比（线性）。因此，它绝对不会为加入矿池提供任何额外的优势，从而促进权利下放。

（3）安全性

试图攻击网络的人必须拥有 51% 的股份（非常昂贵），确保了区块链网络的安全。

PoS 的缺点：

（1）大型股权验证者

如果一组验证者候选人合并并拥有总加密货币的很大份额，他们将有更多的机会成为验证者。机会增加导致越来越多的验证奖励收入，从而导致拥有巨大的货币份额。随着时间的流逝，这可能导致网络变得集中化。

（2）分叉问题

此问题描述了节点在万一发生区块链分裂（区块链分叉）时支持多个区块链的情况下对节点的不利影响。在最坏的情况下，每个分支都将导致多个区块链分裂，并且验证程序将起作用，而网络中的节点将永远无法达成共识。

使用 PoS 权益证明的区块链：

- 以太坊。
- 点点币。

8.3.4 DPoS（委托权益证明）

委托权益证明（Delegated Proof of Stake，DPoS）共识算法由比特股（Bitshares）、Steemit 和 EOS 创始人 Daniel Larimer 于 2014 年提出，即委托权益证明算法。它是对权益证明的基本概念的改进，在权益证明共识系统中，每个质押加密货币的人都可以参与选举过程，这意味着他们有机会验证区块，并获得向区块链添加区块的奖励。DPoS 系统由选举系统维护，用于选择验证块的节点。这些节点称为"代表节点"或"生产者"。

在 DPoS 共识中，用户可以直接投票，也可以将投票权交给另一个主体以代表他们投票。选定的代表节点负责通过验证交易来创建区块。如果他们在一个区块中验证并签署所有交易，那么他们将获得奖励，通常选定的代表节点会与那些投票给自己的人分享。如果代表节点未能在给定时间内验证所有交易，则错过区块，所有交易都将未经验证，并且不会向该证人分配任何奖励。奖励加起来就是验证该区块的下一个代表节点的奖励。此类交易由下一个代表节点收集。

投票与每个用户所持股份的大小成正比。用户无须质押加密货币即可当选代表节点。相反，来自具有大量资产的用户的投票会导致质押量较小的用户被提升为代表节点。

（1）代表节点

一般情况下代表节点的数量上限为 101，这些节点负责验证交易和创建区块，并相应地收取相关费用。代表可以阻止特定交易上链，但是他们无法更改任何交易的信息，与工作量证明区块链中的矿工类似。

（2）治理节点

DPoS 系统中的用户也投票选举一组监督区块链治理的代表。它们在事务控制中不起作用。代表们可以提议更改区块的大小，或者为验证区块而支付代表节点的费用。代表提出此类更改后，区块链的用户将对是否采用这些更改进行投票。

DPoS 的优点：

- DPoS 区块链具有防止双重支出的良好保护。
- 由于用户/节点所需的质押量较少，DPoS 更加民主，在资产上更具包容性。
- 由于进入门槛低，DPoS 提供了更多的权益下放，因为更多的人参加了共识。
- DPoS 不需要大量的电源来运行网络，这使其更具可持续性。
- DPoS 中的事务不依赖运行网络所需的计算能力，因此它具有更大的可伸缩性，每秒能够处理更多的事务（TPS）。
- DPoS 方法为在区块链应用程序中实现有趣的治理模型提供了基础。从某种意义上说，它形成了一种民主。

DPoS 的缺点：

- 区块链的有效运营和决策需要用户们充分了解情况并任命

诚实的代表节点。

- 生产者数量有限会导致区块链网络集中化。

8.3.5 PBFT（实用拜占庭容错算法）

1999 年，Barbara Liskov 和 Miguel Castro 提出了实用拜占庭容错算法，主要是为了对拜占庭容错网络能力的优化，即使网络中的某些节点无法响应或使用不正确的信息进行响应，也可以达成共识。PBFT 机制的目的是通过采用集体决策（包括正常和故障节点）来防止系统故障，以减少故障节点的影响。

如果区块链网络中正确工作的节点在其值上达成一致，则可以实现拜占庭式的容错能力。针对丢失的消息可以设置一个默认的表决值。例如，如果在特定时间内未收到节点提交的信息，则可以假定来自特定节点的消息为"故障"。此外，如果大多数节点以正确的值进行响应，我们还可以分配默认响应。

莱斯利·兰伯特（Leslie Lamport）证明，如果我们有 3m+1 台正常工作的节点，那么最多 m 台节点出现故障，就可以达成共识，这意味着正确的节点总数应严格超过 2/3。

PBFT 的优点：

- 能源效率：PBFT 可以实现分布式共识，而且无须执行复杂的数学计算（如 PoW）。
- 交易效率：交易不需要多次确认（例如在比特币中的 PoW 机制的情况下，每个节点在将新区块添加到区块链之前分别验证所有交易；确认可能需要 10～60 分钟）。
- 低报酬差异：网络中的每个节点都参与响应客户端的请

求，因此可以激励每个节点，从而在奖励有助于决策的节点方面产生低差异。

启用PBFT的分布式系统中的节点按顺序排序，其中一个节点为主节点（或引导节点），其他节点称为辅助节点（或备用节点）。值得注意的是，系统中的任何合格节点都可以通过从辅助节点过渡到主要节点（通常在主要节点发生故障的情况下）而成为主要节点。目标是所有正常节点都可以使用多数规则帮助达成有关系统状态的共识。实际的拜占庭容错系统可以在恶意节点的最大数量不得大于或等于系统中所有节点的1/3的条件下运行。随着节点数量的增加，系统变得更加安全。

使用PBFT变体的平台：

- Zilliqa–PBFT与PoW共识相结合。
- Hyperledger Fabric–PBFT的许可版本。
- Tendermint–PBFT+DPoS（委托权益证明）。

8.3.6 Raft算法

Raft协议是由迭戈·翁伽罗（Diego Ongaro）和约翰·奥斯特豪特（John Ousterhout）于2013年提出的。考虑Lesley Lamport的前身Paxos算法非常难以理解和实现，因此设计Raft的初衷是为了更好地理解共识的方式。因此迭戈的论文标题是《寻找可理解的共识算法》。在Raft之前，Paxos被认为是达成共识的圣杯。

要了解Raft，我们首先得明确Raft仍旧是为了解决多个服务器（Server）就相同信息达成共识的目标，这对于设计容错分布式系统是必不可少的。

因此，让我们首先定义客户端（Client）与服务器交互流程：

■ 单服务器系统：客户端与只有一台服务器且没有备份的系统进行交互。这样系统中达成共识是没有问题的。

■ 多服务器系统：客户端与具有多个服务器的系统进行交互。这样的系统可以有两种类型：

➤ 对称（Symmetric）：多个服务器中的任何一个都可以响应客户端，而所有其他服务器都应该与响应客户端请求的服务器同步。

➤ 非对称（Asymmetric）：只有被选中的服务器可以响应客户端，所有其他服务器与被选中的服务器同步。

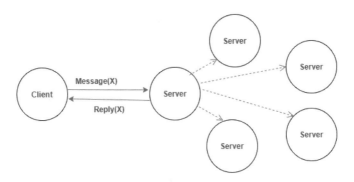

非对称多服务器系统示例

现在我们定义一些关键词，这些关键词用于展示分布式系统中的各个服务器。

- 领导者——只有当选领导可以与客户端交互的服务器。所有其他服务器将与领导者同步。在任何时候，最多只能有一位领导者。

- 追随者——追随者服务器在每个常规时间间隔后将其数据副本与领导者的数据副本同步。当领导者服务器出现故障（由于任何原因）时，一名跟随者可以参加选举并成为领导者。

- 候选者——在竞选选举领导者服务器时，这些服务器可以作为候选服务器请求其他服务器投票。因此，当其请求投票时，被称为候选人。最初，所有服务器都处于候选状态。

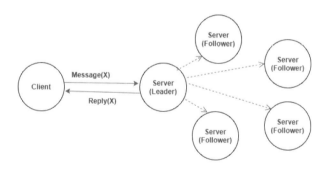

通常情况下，节点可以处于以上三种状态中的任何一种状态。首先会进行选举过程，每个节点都可以成为候选者（Candidate），它们向其他追随者节点发出选举自己的请求。成为领导者之后可以对追随者们发出指令。只有领导者才能与客户端互动；对跟随者节点的任何请求都将重定向到领导者节点。Raft 算法将时间切分成不同的任期，每一次任期结束都会重新进行一次领导者节点的选举。

Raft 的特点：

- 考虑在分布式系统上达成共识的最流行方法是Paxos算法，因此Raft协议的设计易于理解。
- 即使少数服务器出现故障，遵循Raft共识协议的分布式系统也将保持运行状态。例如，我们有一个由5个服务器节点组成的群集，如果2个节点发生故障，则系统仍然可以运行。
- Raft中采用的领导者选举机制经过精心设计，一个节点将始终在最多2个任期内获得多数选票。
- Raft是最近才设计的，因此采用了Paxos和类似规程制定时尚未理解的现代概念。
- 群集中的任何节点都可以成为领导者。因此，它具有一定程度的公平性。
- GitHub和相关位置已经有许多针对不同用例的不同开源实现。

8.4 区块链的技术思考

数据是 21 世纪最重要的一种能源，但是如何找到可信的数据并对其进行处理，仍然是一个悬而未决的问题。

使用区块链技术作为一种去中心化的数据库管理方式，具有其天然的技术优势，可以解决在传统行业应用当中的一些固有问题。我们可以把区块链看作一个永不停止的状态机，则每次申请交易就是试图改变一次状态，而每次通过验证生成的区块则是全网参与者对状态改变的一次认可。

那么依据这种技术上的特性，我们可以延伸出一些应用场景，比如溯源、多方校验、防篡改、跨信任主体间的数据同步以及分布式账本等。接下来会就区块链的技术特性与这些应用场景的结合进行更深入的讲解。

8.4.1　溯源

溯源是大家对于区块链应用的第一认知，因为现在大部分的应用都与区块链溯源绑定在一起。但是其实在区块链出现之前，就已经有溯源这种保护措施对商品进行监管。我们通过二维码，或者是防伪芯片等复杂的技术，对商品进行追踪和防伪保护，但是总是会被以某种方式进行一个复制，或者是商品的替换，仍然很难解决假冒伪劣的问题。

那么在这个方向上，区块链与之前的那些防伪手段又有什么区别呢？

首先，在传统的买卖关系当中，卖东西的人掌握的信息比买东西的人多，这种信息不对称性导致买卖双方在对等关系上有了一定的不平等。通过区块链的方式，我们可以实时地查询并且校验商品的真实性，商品的信息对于双方都是公平的。

其次，对于卖方来说，制造假冒伪劣产品是因为冒牌可以以次充好，正品又可以通过另外一个渠道再次售卖。但是如果某个商品的制造、运输和销售情况都完全记录在区块链上，这个商品就没有办法再使用正品的方法进行二次售卖了。商家如果没有办法赚取额外的利润，自然售假的动力就小了。

最后，以前很多中心化的检验机构的数据大家都对其不信任，有些公正或者验证的证明都没有存到公共数据库当中，中心化的机构对它的数据造假非常容易，自然也就降低了大众对这种中心化数据库信任的程度。

如果我们使用区块链作为溯源的一个方法，可以让数据长时间地保留在链上，而且保证其不变性，这样违法犯罪的行为成本就会变高，因为即使当时没有被执法人员发现问题，在漫长时间的检验下，总会有被找出问题、追责负责人的时候。这样就能让大家在可能犯错误的时候内心多增加一层敬畏，也可以有效地减少制造假数据的可能性。

当然，区块链的溯源也会有一些不足的地方，比如说因为要进行区块链溯源，必然会增加一定的人力和事务成本。如果这些成本不足以覆盖假冒伪劣带来的危害损失，大家可能就没有动力去使用区块链来完成一个防伪的工作。

任何一项技术只有在对应用场景进行深入的研究和探索之后，才能根据其需求进行适当的改进和优化，单纯套用一项技术到生产过程当中是不太合适的，也是没有办法长久运行下去的。区块链的溯源技术也是找到了生产生活当中的诸多痛点，依据区块链技术本身的特点进行定制化设计的结果。虽然不是每个场景都适用，但是总有一些合适的场景可以进行技术的替代与革新，解决困扰大家多年的公信力问题。

8.4.2　可信

签名在区块链领域中与在现实当中的意义有些相似之处。当一个负责人对自己的项目进行签名时，就代表他做出的这个决策，以及他会对这个项目负责。传统的签名会有一些问题，比如说由于是纸质签名，我们只能通过字迹和证件来进行一个身份确认，很有可能会出现问题。

那么在区块链当中，每个地址会有一对公钥和私钥，公钥代表外部能看到的地址位置，私钥则是与公钥相关联的一串密码。每当我们要进行一笔交易时，我们会使用私钥对这笔交易进行一个签名操作，也就是把这个私钥加入到这个交易内进行一个验证。当我们完成了某笔交易的签名后，代表这个地址对这笔交易进行了一个确认。

刚刚说的单个签名是以这种形式完成的，那么我们可以大致想象一下多重签名的过程。假设联合国五个常任理事国现在想要表决一个提案，这个提案通过区块链进行，此时的提案就需要五个国家各自的签名。提案或者说多重签名的通过机制可以由程序设定，比如可以是一票否决制，或者是半数通过制。

那么这种多重签名的特性可以应用于哪些场景呢？在这里我简单地举几个例子以抛砖引玉：

（1）财产监管

财产监管其实是在传统行业中非常容易对人造成困扰的问题，很多家庭或企业都是因为财产被私自挪用或资金上的欺骗产生了矛盾。如果我们把资产放置到一个需要多方共同签名才能使用的平台上，只有通过了大家的签名同意，才能去使用某笔资金，那么在这样的前提下，就能减少很多的资金纠纷。

（2）公证判定

公证有许多方面的需求，比如说宝石类的公证，或者是地产建筑的批文，或者是来自身份验证方面的户口问题。这类问题往往都具有一个共同的特性，就是它需要来自多方的认同。我们以前经常能听到一个故事，一个人去办一项业务，各方踢皮球推来推去，业务始终办不下来。这其实还是因为多方并没有很好的信息流通渠道，以及他们没有一个好的制度来达成共识。那么通过多重签名的方式，我们能很快地确认责任方以及运作流程，多方之间的信息沟通和协作也就更加顺畅了。

（3）知识产权

知识产权其实与财产监管类似，但不同点在于知识产权的保护主要是针对一些有可能比较陌生的个人或群体。比如说一个引擎，有可能由很多的零部件组成，那么这些零部件的知识产权拥有者可能互相不认识。但是有一家公司想要申请这个引擎的使用权，那么它就需要与这里面所有的知识产权拥有者达成共识，也就是获取一个包含所有部件使用权的这么一个多重签名。

总而言之，多重签名技术可以解决现有应用场景内的纠纷和控制监管问题，让所有的博弈变得透明，不再有那些不透明的"小动作"。

8.4.3　防篡改

当我们在讲区块链的防篡改特性时，我们并不是说区块链这种技术本身就具有不可篡改的特性，而是说在多方博弈验证与监管下，区块链上的数据很难被篡改。因此这个防篡改特性指的是"全局"下的数据防篡改。

首先我们来说一说区块链是如何达到全局防篡改的功能的。

从密码学上来说，我们是通过哈希算法对区块内的信息进行加密生成一个哈希值来实现校验过程的。也就是说，全局内任何一个节点，只要通过了这种哈希算法，并且使用与我相同的输入量，就可以得到与我相同的哈希值。

这种哈希算法有几个特点，第一个是输入值与输出值之间没有规律，我们没办法通过数学计算，或通过其他一些方法倒推出符合这个哈希值的其他结果。第二个是碰撞性低，也就是说，有可能还有其他的输入值也可以得到这个哈希值输出结果，但是可能性非常非常低。

那么经过有了以上特点的哈希算法之后，得到的哈希值就能与结果强关联起来。假设在全局范围当中，有些节点存储着所有的信息，有些节点不存储信息，只是负责验证真实性。这些只负责验证真实性的节点，就可以从存储了数据的那些节点那里获取数据，然后自己进行一次计算，只要计算的结果与存储节点展示的哈希值相同，即可认为这个节点的信息是真实的。

可能大家觉得这样还是不够保险，如果某个人刚好找到了能自洽所有交易数据，并且能生成同样哈希值的数据怎么办？是不是就可以对数据库进行篡改了？这肯定也不是的，因为一个去中心化的网络当中，必然不可能只有一个节点具有数据储存功能，只要更改数据的节点数在整个网络的错误容忍范围内（依据不同的共识算法抗攻击性能不同），整个网络就能抗拒这种来自于数据欺诈的攻击，即使他们的哈希值一样，但是区块内的数据不一样，也会被拒绝加入区块链当中。

而事实上，在商业环境当中，每个节点对自己的数据库保护都是非常周全的，一般人很难进入别人的数据库进行数据的一个修改，完成对整个区块链数据的一个篡改。因此只要具有足够的去中心化的节点分布，以及其他的验证方，区块链的防篡改功能是可以实现的。

8.4.4 跨信任主体的信息传递性

在企业日常的生产活动当中，如何让合作伙伴或者竞争对手与自己进行数据上的共享和活动上的协同是一件非常困难的事情。那么这类需要合作的企业可以用一个名词来代替——跨信任主体，也就是需要互信建立信任的主体。

在讲到这种交互式的信息证明时，就需要提到一个技术——零知识证明。从这个名词的表意当中，我们可以猜测这个证明的特点在于它只需要很少量的信息，就可以完成一个验证的操作。如果从传统的方式来说，我们想要证明自己花了多少钱，就需要通过发票；如果想证明自己大学毕业，就需要拿出毕业证书。每次当我们想让别人知道我们做了一件什么事情的时候，就需要拿出我们做过这些事情的对应证据。但是这种行为的缺点就是拿出证据的同时，对方就能完全掌握你的所有信息。

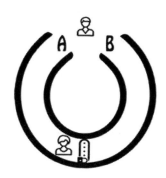

零知识证明则是一种不需要透露出所有信息就可以完成验证操作的过程。假设现在有一扇门，甲说自己手上有一把钥匙能打开这扇门。乙需要知道甲能打开这扇门，但是甲又不想把钥匙拿出来给乙看。甲就建了一条隧道，然后把门堵在中间关好。甲从隧道的一端走进去，从另一端走出来，乙就可以确定，甲拥有这扇门的钥匙。在这个过程当中，甲既没有从口袋中拿出钥匙的操作，乙也没有看见甲开门的这个操作，但是他们就可以互相完成自己想要满足的验证要求。在区块链以及零知识证明技术的支持下，多个互不信任的相关主体就可以向着一个共同的目标相互协作，并且验证对方的工作成果。

我们以智能电网的未来发展作为一个例子来介绍区块链如何在不同信任的主体间发生作用。在能源网络当中，往往发电、输电以及配电三方的归属是分离的。随着电子器件的智能化，越来越多的智能电表、智能传感器应用到网络当中，这些智能设备可以成为区块链当中的一个个分散式的节点，对网络当中的用电量、发电量、储存需求进行一个数据验证。这些智能设备可以归属于不同的企业或者政府机构，它们会依据一个统一的共识算法对电力的变化情况进行一个加密和脱敏输出。这样我们既能保证这些数据是真实从智能设备上得到的，同时也能给需要这些数据的企业提供一些顺畅的反馈，能解决一部分关于负载均衡和发电波动性产生的问题。

通过这种去中心化的区块链基础设施，还可以更好地对全国的充电桩以及公共电力设施进行状态管理。由于之前的全国补贴政策，很多城市和地区建立了充电桩，但有很多可能并未投入使用或者最终废弃了。从很多电动车使用者的反馈中我们可以发现，当他们需要充电时，经常在地图上搜到了充电桩但现实中却没有这个硬件，可能跑了很多个地方也没有找到一个可以用的充电桩，非常影响使用体验。

那么，如果通过区块链技术对这些公共电力设施进行管理和数据输出，我们就能很好地进行相关治理和服务。每个充电桩都会有非常明确的对应负责人与提供者，让公共设施更好地为大众服务。

8.4.5　分布式账本

在 2008 年中本聪发布的比特币白皮书中，他对比特币的用途表示了明确的方向性——一个点对点的电子现金系统。

从古老的中国钱庄到不列颠东印度公司，只要产生一笔交易，就需要实现不同账本的账目同步。那么在古代，我们想实现这种账目的同步，只能通过古老的铸印盖章来完成，或者制造指定类型的银元来实现局部区域内的防伪流通。这个问题时至今日都是困扰着众多金融系统的一个问题。

通常来说，我们在对不同主体的账目进行校验时，比较在意的是它的余额是否与总账目相对应，而不是其中每一笔账目与其他人的账目是否一一对应，这就导致有可能会出现为了补齐余额而做出的欺诈举动。

现代复式记账系统由意大利数学家卢卡·帕西奥利于 1494 年在 *Summa de arithmetica, geometrica, proportioni et proportionalità* 一书中最早制定。复式记账法对每一笔账目同时记录来源和去向，首次将对账验证功能引入记账过程，提升了记账过程的可靠性。

比特币的 UTXO 就延续了这种复式记账的思想，当我们要查询一个地址的余额时，我们会一层一层查上去，找到与这个账户有关联的所有的交易，然后做一个验证和计算，算出这个账户现在的余额。从这个角度来看，区块链是首个自带对账功能的数字记账技术实现，也就是我们现在所说的分布式账本。

分布式账本可以理解为在跨地理区域内有同时维护的多个分散账本，同时除了这些分散账本外，还有其他的节点可以作为账本有效性的见证者，其只需要保存账本的哈希值即可。

关于账本内的数据访问权限，根据使用场景的不同也可以进行区分。

比如像比特币、以太坊一样的公共区块链，目标是统一全世界的账本信息，那么它的可访问权限就是公共的，世界上的每个人都可以对其内部的信息进行一个获取。但是如果有一些企业隐私信息或者机密信息的账本，我们可以通过设置准入节点的机制来对访问权限进行一个控制，也就是我们常说的联盟链。

分布式账本的优点在于其分散性。在前几年出现美国某区域政府部门被黑客攻击的例子中我们可以发现，老旧的单点经济记账系统存在广泛的被攻击可能性，同时抗攻击的性能也较差。分布式账本的缺点就在与不同账本直接的实时同步要求较高，以及根据数据量所需的带宽要求较高，这同样也是所有分布式系统的问题。

分布式账本有可能成为未来改变金融系统的一剂强心针，它能提高金融系统的整体抗风险弹性，并增加不同主体之间的透明度，降低系统性风险出现的可能性。现在从技术上来说仍然存在一些尚未解决的问题，但是在特定应用场景下可以找到局部最优的解决方案，许多银行和传媒企业已经开始在这个方面做出了一些尝试，并且有一些自己的优化方向。

通过本章的解讲，相信大家已对区块链的基础技术有了一个全面的了解，区块链的技术和思想两者是密不可分的，技术能够让大家透过表面看本质地了解区块链，而思想能够让大家真正将区块链很好地结合到实际产业中去，两者缺一不可。

第 9 章

基于区块链的未来虚拟世界

很多区块链的从业者非常看好区块链技术与游戏结合，认为未来一切都会游戏化或者结合游戏的元素，最直观的认知就是电影《头号玩家》中描绘的虚拟世界，而要在未来形成这样的世界必须借助区块链的力量。

9.1 Metaverse（元宇宙）

进入 21 世纪以来，越来越多的用户涌入互联网，人们在网络上花费的时间越来越长，互联网 2.0 的短板和缺陷将越来越明显。人们对机构管理的不信任，对公司垄断抽成的不满，将促使他们追求去中心化网络和虚拟经济。在这样的时代背景下，Metaverse 这样一个由区块链驱动的未来虚拟世界，将很可能成为下一代互联网的原型。

Metaverse 一词最早出现在 Neal Stephenson 的《雪崩》（*Snow Crash*）中，Metaverse 是 Meta 和 verse 的合成词，在希腊语中 meta 表示"在……之外"（beyond），verse 则表示"宇宙"（universe），中文翻译为"超元届"或者"元宇宙"。在《雪崩》这本书中，元宇宙成为平行于现实世界的虚拟宇宙空间，玩家可以通过 VR 眼镜和云服务器进行访问。在 2018 年斯皮尔伯格导演的《头号玩家》（改编自 Ernest Cline 2011 年的 *Ready Player*

One）上映后，更多主流人群开始了解元宇宙的概念。电影中，2045 年的世界遭遇能源危机正处于崩溃边缘，现实世界的破败使人们沉迷于 VR 游戏，在"绿洲（Oasis）"的虚拟世界中寻求慰藉。人们只需要戴上 VR 眼镜和触觉反馈服，便可以进入乌托邦般的虚拟世界。

尽管我们乐观地认为，世界短期内不会马上演进成为《头号玩家》中描述的虚拟世界，但这并不妨碍我们对互联网 3.0 的想象。自 1969 年，美国斯坦福研究院的一台计算机与加利福尼亚大学洛杉矶分校的一台计算机在首个使用分组交换技术的网络——ARPANET 上实现连接，至今只过了半个世纪，互联网便飞速发展成了连接 46.6 亿人口的渠道，但即便如此，仍有 59.5% 的人类未接入互联网。在疫情时期，人们花费在线上社交的时间将会不可避免地超过面对面交流的时间。据统计机构 Statista 报告，在 2020 年，平均全球每人每天在社交媒体上花费的时间达 145 分钟。如何构建能容纳上亿人同时在线的网络？如何确保超大型网络社区中的治理公平性？如何防止虚拟空间系统运营服务提供者的垄断与作恶？如何创造更加真实的虚拟体验？如何创造不会因单点故障失效的社交媒体？如何降低硬件门槛以迎接更多用户？对于这些问题，元宇宙可能是答案之一，而区块链技术将在其中扮演重要角色。基于区块链，数字资产、去中心化网络和虚拟经济体系将成为元宇宙的基础设施，随着科技的飞速进步，《头号玩家》中的"绿洲"虚拟世界可能在不远的未来得以实现。

9.2 区块链支撑的虚拟物品

9.2.1 资产的所有权

赋予玩家的虚拟身份 / 虚拟道具的所有权是建立一个虚拟世界至关重要的步骤。当下多数的线上游戏，玩家只拥有账号和虚拟物品的使用权，而非完全的所有权。本质上来说，玩家只是租赁了虚拟身份和物品服务，一旦游戏停止运营，玩家在游戏中的投入便和服务器一起消失。仅对大型多人线上游戏（MMOG）而言，至今已有超过 200 个 MMOG 停止运营；与之相反，区块链游戏的虚拟物品可以作为数字资产挂靠于玩家的虚拟身份下，而不依托于特定的游戏运营商。即使服务中止，玩家仍然拥有他们的数字资产。在元宇宙中，所有游戏都像虚拟机一般运行在元宇宙这个物理机下，而玩家们则活动在最表层的元宇宙中。

区块链的非同质化代币（Non-fungible Token，NFT）技术真正实现了永久的数字资产所有权。同质化代币即"无差别、可分割、可交换"的货币，如同你手上拥有的一个比特币，和我拥有的一枚比特币在性质上完全一样，且可以分割出 0.5 枚比特币来使用。而非同质化代币则拥有独一无二、不可分割的特性，这些特性使其能够锚定类似现实中商品的概念，加之其天然的收藏属性且便于交易，NFT 可以成为虚拟世界中的游戏道具、艺术创作或是活动门票的绝佳载体。加密技术能够人为地赋予它们所有权和稀缺性，让副本与副本之间产生差异，使虚拟资产逼近现实。诚然，凭借 NFT 技术，我们可以商品化任何数字资产，但这听起来与数字文件的最大特点——无限的可复制性，或是游戏社区的开源精神背道而驰。人为添加的稀缺性的技术并不意味着我们要唯利是图，为所有物品明码标价，元宇宙的初衷是建立一个基于现实却高于现实的乌托邦平行宇宙。

9.2.2 资产的流动性

2018 年，《反恐精英：全球攻势》（*Counter-Strike：Global Offensive*）的盈利额超过 4 亿美元，作为一款免费的线上游戏，其营收绝大部分来自于游戏内皮肤的交易。玩家之间的物品交易已经成为当代线上游戏中重要的组成部分。在元宇宙中，基于数字资产的所有权，玩家同时拥有对数字资产的处置权，他们可以通过市场交换数字资产，或出售以获得虚拟货币，再于交易所转换为现金。这意味着当玩家们厌倦了一款游戏时，他们可以回收绝大部分的投入；或者通过有策略的买卖从游戏中获得收益。同时，通过游戏公司之间的磋商，可以实现游戏道具的互通，正如现在任天堂旗下的游戏之间经常开展的角色皮肤、装饰物品联动一样。

不仅是玩家，游戏公司同样能受惠于数字资产流动性的增加。大多游戏公司都极力打压游戏中买卖账号和游戏币的商贩以维护游戏秩序，如著名的大型多人在线游戏 *Runescape*（一款大型多人在线角色扮演游戏），在打击灰色交易和作弊中投入了巨大的人力物力，却屡禁不止。元宇宙将终结这场猫鼠游戏，诸如游戏《反恐精英》或《堡垒之夜》这样开放道具流动性的运营模式已经证明可以给运营商带来更大的收益。目前，如 Opensea 分布式交易所已经可以交易上千种 NFT。资产流动性的增加也带来玩家的流动性，新游戏将更容易被玩家接受，他们可以携带在老游戏中珍藏的道具进去新场景，不必另起炉灶。

9.2.3　知识产权的互通性

电影《头号玩家》中，最震撼人心的场景莫过于成千上万的玩家操控着各种经典的游戏角色和反派决战。现在的线上游戏中，跨游戏的联动往往发生于同一个公司所属的数个知识产权（Intellectual Properties，IP）实体之间，如《任天堂明星大乱斗》，或是《守望先锋》中来自《风暴英雄》的角色皮肤。跨公司的合作往往意味着漫长的商业流程和法务合同。NFT 的出现同样为数字资产在不同 IP 之间流动提供了可能性。知识产权标签能够绑定在数字资产上，区块链的可追溯特性也使 IP 所有者将知识产权变现，他们将从物品价值中获得知识产权抽成，或是物品的流转中获得广告收益。

9.2.4　透明的游戏规则

规则创造了游戏性，使所有玩家达成共识并乐在其中，它是任何一款游戏的基础。在现代游戏中，并非所有游戏机制都对玩家公开，它们总是隐藏在游戏后台的代码里。举一个简单的例子，在时下盛行的盲盒机制游戏中，玩家可以通过抽奖获得虚拟物品，中奖概率往往是运营者声称的一个数字，运营者有机会声称更高的中奖概率以吸引更多玩家，概率的真实与否只能依赖于运营商的诚信或第三方的监管。与传统游戏相反，在区块链游戏中，关键的规则可以写入智能合约以保证其透明度，即使玩家无法直接查看程序源代码，他们仍可以检查其字节码，以防止运营者随意修改。这一举措能够减少玩家对运营者的不信任，尤其是在需要高度信赖关系（如价值不菲的虚拟资产，乃至在线赌场）的场景下。

9.2.5　虚拟内容产生激励

用户产生内容（User-Generated Content）能大大延长一款游戏的寿命，成功的例子比比皆是，著名的 MOBA（Multiplayer Online Battle Arena）类游戏 *Dota* 正是诞生于《魔兽争霸》的地图编辑器。将区块链与模组社区结合能够保护创作者的知识产权。给模组提供知识产权标签能有效地减少版权侵害或是利用信息差赚取利益的商业中介。同时，如果希望通过自己的作品来变现，那么虚拟化的资产也更容易流动和交易。更重要的是，玩家产生的内容并不仅仅存在于模组或道具上，这些内容也可以作用于剧情或玩法上，给玩家带来更加丰富多变的游戏体验。典型的例子如文字揭秘类游戏 *Last Trip*，开发团队仅规划了故事框架，内容则以去中心化的形式由玩家书写：玩家在游戏中死亡后会根据其先前的游戏抉择产生一个 NPC，并影响下一个玩家的剧情发展。

9.2.6　玩家参与，玩家治理

以太坊创始人 Vitalik Buterin 讲述过自己 13 岁时游玩《魔兽世界》的经历：2010 年暴雪公司移除了他钟爱的技能"生命虹吸"

中的附加伤害部分，Vitalik 愤怒地在论坛批评暴雪的行为并撰写邮件发送给游戏制作组，但得到了"为了游戏平衡，不能还原这个修改"的回复。游戏制作组对数值强硬调整的例子在网络游戏史上比比皆是，这一情况可能在区块链支持的元宇宙中得到改善。

区块链游戏 *Axie Infinity* 就是一个典型的玩家参与、玩家治理的案例。在每一笔市场交易中，一笔资金将作为手续费纳入社区资源库中，在 2021 年初，社区收入已高达 7000 个以太坊。同时生态自己也有一种治理通证，允许持有的玩家如股东大会一般决定社区资源的分配和游戏的发展。开发者可以向玩家征集提案，并以治理通证进行的投票结果决定下一个版本的改动。同时，这一模式使得玩家有权利且有能力像现实中的股东一样，反驳公司 CEO，左右游戏制作组的决定。有能力的玩家甚至可以将游戏分叉（Fork），围绕同一批数字资产（NFT、虚拟货币、新的生态通证）建立一个新的平行宇宙游戏。读者可能会有所顾虑，如果玩家的需求是不合理的，或是玩家社区分裂成了两个派别，游戏的走向将会如何发展？如果对决策模式进行深入讨论，我们会不可避免地回到诸如民主制度的社会学讨论上，就目前而言，虚拟世界仍处于建设之初的探索阶段，需要在实践中不断摸索解决方案。

9.2.7　区块链上的盲盒经济

盲盒经济的模式本身无异于早年的扭蛋机或是万智牌卡包，但经过商业运作和包装后，在 2020 年重新带来了一次"盲盒热"。而在区块链上，盲盒经济可以在 NFT 的助力下拥有全新的运作模式。同上文中提到的玩家自治一样，区块链上的盲盒平台 BlindBoxes 创造了一种包括艺术创作者、收藏者和鉴赏者（Curator）的运营模式。鉴赏者通常拥有专业级的艺术知识，拥有鉴赏、阐释、宣传和把握市场风向的能力。BlindBoxes 的运作流程包括：鉴赏者策划一次 NFT 盲盒发放数量，内容创作主题；创作者根据主题创作内容，并决定盲盒发售价格。收藏者从众多盲盒发放主题中选择自己喜爱的创作者和鉴赏者购买盲盒，鉴赏者则可以通过售出的盲盒收取佣金。目前 NFT 收藏市场中，藏品大多是平面或 3D 的数字创作，但 BlindBoxes 社区经营的模式将交易封装成了更富有趣味性的策展模式，从而形成了一个更可持续发展的市场。

9.3 区块链市场分析和游戏类型

9.3.1 市场分析

统计机构 CoinMarketCap 显示，截至 2021 年 4 月，加密市场总市值已超过 2 万亿美元，其中分布式金融（Decentralized Finance，DeFi）产业占比超过 50%。无论从活跃用户还是流动资金量方面考量，DeFi 类项目在区块链上都占据绝对的主导地位，以以太坊为例，2020 年第二季度到第四季度活跃用户上涨超过 4 倍，其中超过 90% 来自于 DeFi。

然而，区块链游戏市场的占有率远不及其他类型。包括以太坊、EOS 与 TRON 在内的 15 个区块链平台共有游戏类分布式应用 659 个，占所有应用数量的 18%，并在以平均每月 10 个左右的数量增加。在以太坊，每月活跃玩家超过 2 万名，仅占所有活跃用户的 5%。由于游戏对于响应速度的要求较高，2020 年以来以太坊拥堵的网络造成的高昂的交易手续费令玩家数量持续走低，加之其尚未形成能媲美传统线上游戏的游戏性，用户的娱乐需求转向传统线上游戏，而将区块链当作投资理财产品。

除了虚拟经济以外，区块链凭借其在防止单点故障、处理重要信息记录上的优势，传统行业也正在将区块链作为基础设施建设的一部分。一份德勤对 2020 年区块链产业的调查报告显示，40% 的受访公司表示将在接下来的一年里对区块链技术投入超过 500 万美元的资金，其中媒体、电讯、能源、医疗和金融服务等领域对区块链的投入较 2019 年超过 5%，它们主要将区块链技术应用于数据验证、数据分享和身份证明。

总体来说，目前的区块链市场主要集中在分布式金融上，虽然游戏产业对区块链游戏产生了相当的兴趣：如 Unity 提供的区块链软件开发套件、育碧推出的区块链游戏 *Hashcraft*，以及网易发行的在线游戏《易水寒》。但游戏巨头对区块链技术的探索依然持保守态度，他们更倾向于实验性的，基于某款成熟的游戏，建立自己的封闭的生态。虽然加密经济的繁荣为元宇宙的构建打下了坚实的基础，但仍需要更多的实用或是娱乐内容来充实虚拟世界。

9.3.2 用户画像

我们采集了约 18 万个活跃的以太坊钱包地址，并对其产生的约 3000 万条交易记录进行分析以探索区块链用户的兴趣偏好和行为特点。我们统计了每个地址和分布式应用交互的情况：平均每个地址仅使用过 2.4 个不同的应用，有 38% 的地址仅和 1 个应用有过交互，大部分地址第一次使用的应用和 ETH 价格、应用流行程度以及空投货币有密切联系。最典型的例子是在 2017 年 12 月，区块链游戏《加密猫》（*CryptoKitties*）的热度高点，有 61.7% 的新用户将其作为第一次使用的分布式应用，以及 2020 年上半年以太坊交易所频繁的空投吸引的新用户。基于用户和分布式应用类别（如分布式金融服务、交易所、游戏、博彩等）的交互次数，我们可以将用户分类为以娱乐为目的的玩家、以投资为目的的投资者。经过数据清洗，排除和大量未知地址交互、开发者测试账号、一次性空投收集地址，我们发现玩家约占 82.3%，投资者约占 17.7%。分析这些群体的使用情况，我们发现区块链玩家更倾向于涉猎多种不同的游戏应用，而投资者则相对固定地使用分布式金融应用和交易所。

从样本整体来看，目前只有少部分地址为区块链核心用户，超过半数的活跃地址只进行过不多于 50 次交易。分布式应用之间已经产生了马太效应，少部分应用占据着大多数用户。以上线日期统计的活跃地址存在很大一部分用于接受空投代币的一次性账号，实际的活跃用户可能远小于活跃地址数。根据 SBA 科研所对约 900 个比特币用户的调查，用户使用加密货币的动机可以被概括为捐款（38.0%）、虚拟商品（33.0%）、线上购物（27.5%）和博彩（26.5%）。我们可以将区块链用户的画像用这样几个问题进行描述：

- 谁在使用区块链？区块链用户普遍拥有富余的时间和金钱，绝大部分受好奇心驱使通过区块链进行轻度的理财，少部分为开发者或对区块链拥有极大兴趣，从而投入巨大资金；虚拟代币的大多数财富集中掌控在少数组织或个体手中。

■ 他们使用什么类型的分布式应用？分布式金融（交易所）以及游戏（博彩）占有绝大多数的用户，其他类别如高风险、分布式社交媒体的用户量远少于占主导地位的类别。

■ 用户在什么时候开始使用区块链？新用户的数量和加密经济形势、热门分布式应用的出现有着密切关系。例如，2017年的《加密猫》热潮或2020年的数字货币大涨吸引了成倍于以往同期的用户。

■ 什么地方的用户在使用区块链？根据剑桥非传统金融研究中心的报告，92%的虚拟货币持有者位于北美、欧洲和亚太的经济相对发达地区。

9.3.3 区块链游戏类型

第一类是为区块链服务的游戏。从区块链网络发展早期至今，涌现了大量以数字资产为中心开展核心玩法的游戏：例如竞技博彩类，玩家通过虚拟资产参加竞赛获取奖励；或是收藏类，例如著名的加密猫中，玩家可以通过繁育出售虚拟宠物获得货币；放置挖矿类，玩家只需要打开游戏就能不断获得代币奖励，并用奖励购买更好的矿工。这类以数字资产为核心的游戏都带有一定的养成属性。但论游戏性而言，低廉的开发成本使它们远远称不上有趣，甚至不具备可玩性。

第二类是为游戏服务的区块链，区块链应当作为一种基础设施融入游戏中。例如卡牌类区块链游戏 *Gods Unchained*，其核心玩法仍然是类似《炉石传说》的卡牌对战，但区块链为其玩家提供了可以自由交易卡牌，或是举办比赛发布奖金的平台。沙盒类区块链游戏如 *0xUniverse*，玩家可以在开放的宇宙中建造飞船，探索星球，并交易自己在沙盒世界中创造的数字物品。

我们可以想象当越来越多拥有游戏开发实力的传统厂商进入区块链领域时，区块链游戏的划分依据将沿用人们熟知的角色扮演类、冒险类、策略类等游戏分类。同时，将出现一组新的标签来归类区块链和游戏的结合方式，如"利用数字资产的所有权""利用规则的透明性"或"利用去中心化使玩家自治"等。

9.3.4 区块链上的博彩产业

早在 2012 年，*Satoshi Dice* 作为最早一批的区块链博彩游戏出现在比特币平台上，并在当时为比特币贡献了近半的交易量。区块链公开透明、有迹可循的特性完美契合了博彩类应用的需求。与传统博彩网站相比，许多玩家更喜欢使用比特币等数字货币进行交易，以增强安全性，将黑客攻击和身份盗窃的风险降至最低，而加密货币的去中心化也使玩家可以匿名参与博彩。虽然从严格意义来说，博彩类应用并不能算作游戏。但若考虑其为区块链游戏化的先河、区块链娱乐化程度的提高，放在一个普遍具有经济价值和投机性的区块链平台中看，博彩和游戏的界限越来越模糊。

9.4 NFT是不是一个泡沫

2021年3月，NFT艺术品《每一天：前5000天》在佳士得拍卖行以6934.6万美元的天价成交，其购买者正是世界上最大NFT基金Metapurse创始人Metakovan和Twobadour。实际上，此次天价拍卖被认为极有可能是Metapurse联合佳士得策划的一出商业炒作，目的在于提高NFT数字艺术品的价值及其在艺术界的地位，毕竟过去有不少传世珍品都是通过在佳士得拍卖而名声大噪。

早在2018年就已经出现了现象级NFT游戏《加密猫》。2020年，凭借NBA官方授权和多位球星宣传，同样由加密猫团队Dapper Labs制作的 *NBA Top Shot* 正式让NFT游戏获得更广泛群体的关注与参与，更是在9月创造了以181.2万美元的最高价的NFT的纪录。诚然这是一种高回报的投资，但若人们对NFT游戏抱有的投机性远大于娱乐性，同时无法解决NFT收藏品存在的诸如对敲交易、估值评判和流动性差等问题，最终NFT收藏将成为另一个炒作的庞氏骗局。NFT在未来应当服务于核心玩法，成为隐藏在数字资产之下的载体。当前的NFT热潮，更多是由投机者而非真正的NFT支持者所推动。目前的NFT市场投机是整个过程中不可或缺的部分，绝大多数的购买者并不是因为喜欢NFT，或觉得NFT很酷而购买，而是因为他们认为自己能将NFT以比自己买入时更高的价格出售给下一个人。当热度不可避免地消退时，人们不再乐于接盘NFT，其价格便会如同1637年荷兰郁金香泡沫一样一落千丈。事实也证明了这一点，统计机构

NonFungible.com 的数据表明，2021 年 2 月 NFT 均价超过 4000 美元，而到 4 月已下跌超过 70%，均价只剩 1256 美元。

那么，如何避免让 NFT 成为泡沫？最佳方案很可能是元宇宙的全面构建。NFT 作为一种数字资产，需要被赋予更多在数字世界中的意义，而非单纯地用所谓稀缺性支撑它们的价格。例如，一件虚拟饰品，玩家可以在不同角色扮演类游戏中佩戴以获得属性上的加成；或是一件艺术图案，玩家可以用其装饰自己的虚拟角色，而不仅仅是获得一个 JPG 文件名义上的所有权。元宇宙能够让数字资产如现实中的收藏品一样，在审美价值之外拥有实用价值。虚拟物品的实用价值意义重大，它可以成为 NFT 估值的凭据，流动性的保证，以及其价格的支撑。

9.5　支撑虚拟世界的区块链的不可能三角问题

区块链的"不可能三角"问题指对于一个区块链系统，它无法同时达成良好的安全性、可拓展性和去中心化，最多只能达成两个目标，而放弃其余一个。

9.5.1　安全性（Security）

拜占庭将军问题（Byzantine Generals Problem），是由莱斯利·兰波特在其同名论文中提出的分布式对等网络通信容错问题，其含义是在存在消息丢失的不可靠信道上试图通过消息传递的方式达到一致性是不可能的。在现实世界中，硬件错误、传输延迟或恶意攻击将导致计算机网络出现不可预料的行为。区块链利用分布式账本解决了这一问题。以比特币为例，它为发送信息加入工作量证明，这降低了信息传递的速率，并加入了一个随机元素以保证在一个时间只有一个城邦可以进行广播。在广播后，属于比特币网络的所有节点都将通过哈希验证工作量证明的结果，并将新的交易记录写入自己的数据库。如果需要篡改整个分布式数据库，则必须获取网络中大于 50% 的节点。所以，当一个网络中节点越多，获得多数节点控制权的成本就越高，系统的安全性也就越好。

9.5.2　可拓展性（Scalability）

可拓展性指区块链在网络规模增大时，处理交易信息的能力，可以通过每秒交易量（Transaction per Second，TPS）来衡量。每秒交易量很大程度上受制于需要达成共识的节点数量，因为在大部分区块链协议中，每个节点保存网络的状态（包括账户余额、合约代码和存储等）。虽然这提供了极高的安全性，但同时极大地限制了系统的可扩展性。由于这一点，比特币被限制在每秒处理 3 ～ 7 笔交易，以太坊被限制到每秒处理 7 ～ 15 笔交易。目前，大部分区块链选择牺牲可靠性来提升交易量，不对每笔交易都达成全网共识，也就是说：

- 实行"代议民主"，选举可信节点代表，仅在部分节点中达成共识。典型的例子有EOS、TRON等项目。
- 网络不对每笔交易达成共识，而对交易打包后的区块做共识。典型的例子有侧链技术、闪电网络等。

■ 可拓展性问题目前依旧是区块链亟待解决的瓶颈，相信未来一旦有了突破之后区块链就会有更多的应用场景。

9.5.3　去中心化（Decentralization）

以太坊的创始人之一 Vitalik Buterin 从结构、政治和逻辑三个维度解释过"去中心化"的含义：

■ 结构去中心化（Architectural Decentralization）：系统在物理上由多少台计算机组成？系统能同时承受多少台计算机崩溃？

■ 政治去中心化（Political Decentralization）：有多少个人或者组织控制着组成系统的计算机？

■ 逻辑去中心化（Logical Decentralization）：如果你将包括提供方和用户在内的这个系统一分为二，它们能相互独立地维持运作吗？

结构上的中心化倾向于导致政治上的中心化，逻辑上的中心化将导致结构、政治上难以去中心化。我们现在的区块链在结构上去中心化（没有单点故障），在政治上去中心化（没有人控制它们），但是不可避免地在逻辑上保持了中心化，因为整个区块链拥有一个公认的状态，整个系统的行为也如同一台计算机。

Vitalik Buterin 在提出以太坊分片（Sharding）扩容方案一文中提出了三者只能去其二的观点，比特币注重于安全性和去中心化，但是可拓展性低下。以太坊采用分片化的储存技术，通过共享世界状态，分装交易历史满足了可拓展性和去中心化，但由于算力分散，牺牲了安全性。如以 EOS 和超级账本（Hyper

Ledger）为代表的，以超级节点代替全网共识的区块链，虽然拥有较高的安全性和可拓展性，但节点数量的减少巩固了网络的中心化。在不可能三角之下，为应对不同业务场景，逐渐衍生出了公有链、联盟链和私有链的概念。联盟链仅允许经过身份认证的节点记账，私有链则是完全中心化的技术。虚拟世界玩家拥有属于自己的资产，玩家自治的期望应当建立于公有链之上，而如何维持虚拟世界的去中心化将是需要解决的难题之一。

9.5.4　下一代区块链

面对不可能三角问题，学界与业界都提出了种类繁多的区块链扩容方案。这些方案可以大致分为：链上扩容（Layer 1），即针对共识协议本身或区块大小的改造，如 SegWit 和 DPoS；链下扩容（Layer 2），即在区块链之上再架设一个应用层，用于处理具体事物，只将必要信息或只在需要共识时（如记录发生冲突时）才和区块链进行交互。以太坊的分片（Sharding）方案源自于传统数据库的分片并行思路，将区块链网络中的交易划分给不同区域的节点处理，区域之间处理的交易可以并行以提高吞吐量。

The Dapper Lab 提出了一种新的可能性——多角色架构，这将允许网络在不分片且不降低共识去中心化程度的前提下进行扩展，以服务数十亿用户。在传统区块链中，每个节点都存储完整状态（账户余额、智能合约代码等），并执行所有与处理链上交易相关的工作。多角色架构则将验证节点的工作分配给 4 类不同的角色：收集、共识、执行和验证。此外，加密知识专有证明（Specialized Proofs of Confidential Knowledge，SPoCKs）用于多个节点向第三方监督者证明自己持有某种加密信息。当然，这种机制是非对称的。每个证明者的 SPoCKs 和他们的身份绑定，无法由其他任何人复制或伪造。目前，这种构想似乎是下一代区块链的原型，但能否实至名归仍然需要实践的考验，其实际吞吐量和安全性需要在大量 DApp 和用户涌入后才能得到证实。

9.6 结语

事实上，关于元宇宙的疑问目前还有很多，例如元宇宙应当去中心化到什么程度？元宇宙中的自治应当如何实现？元宇宙建立之初的管理者应当由谁来担任？这些我们暂时还没有明确的答案，甚至尚未有明确的探索方向，这也许是大规模虚拟空间中社会实践探索所需经历的迷茫。结合当下区块链经济泡沫化大背景，我们可以预见的是元宇宙的发展必然经历阵痛和挫折。然而，同样可以预见的是，一个无限增量的市场也在前方向我们招手。